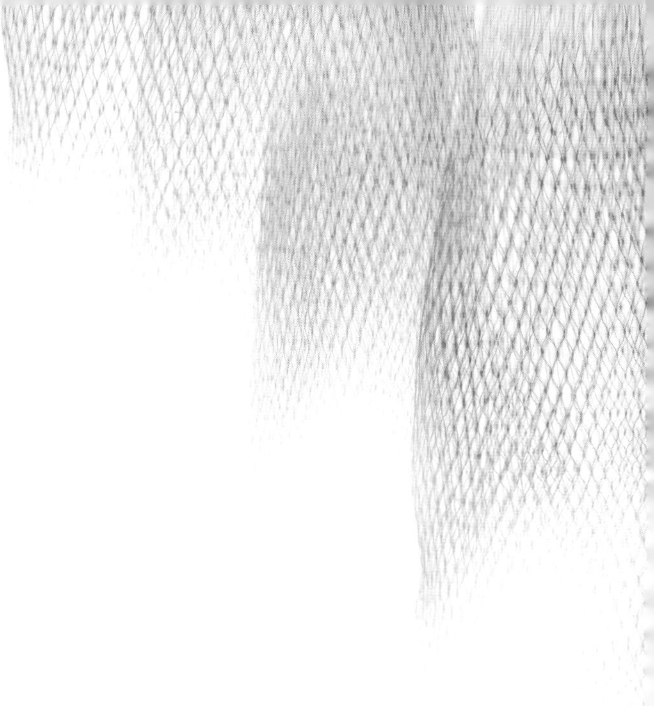

心經集註

靈源老和尚 著

編者序

這本書能出版實在因緣不可思議，因為靈源老和尚的遺作終於找齊，而在此之前十餘年間一直苦尋無蹤，現在失蹤的《心經集註》即將要出版了！如神變現出來的善因緣，是在二〇一七年底由李偉誠菩薩所提供，原來李菩薩讀過法鼓文化二〇一三年新編輯的《淨土直說》後，就深深為靈源老和尚的修行而景仰，但由於我在《淨土直說》的「導言」中，提到老和尚的書很難收集，所以李菩薩也在留意尋找老和尚的著作；剛好李菩薩有一位佛友往生後留下一批佛書，他在協助整理的過程發現了這本書，但書名不是《心經集註》，而是被改名為《心經精華錄》出版，此書是民國八十三年（一九九四）影印的非賣品，倡印者是高雄元亨禪寺釋菩妙長老。

為何之前倡印時會改名為《心經精華錄》出版？本來我以為《心經》是唐三藏法師玄奘對空性的概論，所以《心經集註》大概是一本入門通俗的讀物，但在重新編輯這本書時，讀後發現靈源老和尚的「集註」，是收集中觀、唯識、天台、華嚴等，把各家對「空」的法義詮釋都收錄起來，老和尚自己在前言中就說：「乃編集古今名註之精華於一冊，得此則古今註疏均在於此矣。」因此透過古今賢哲薈萃經典的智慧，若能讀懂這本書，就等同得到三世諸佛的心靈指南。

略述新編的綱要有幾項特點，原本的目次是用傳統舊式科判，由於複雜的科判與註文放在上欄，不方便於現代人的閱讀習慣；本書新編輯時，將詮釋占全書三分之一分量的「經題」，整合上下欄放在內文呈現，並加上簡潔適當的章節，獨立成為第一篇〈釋經題〉。又原《心經集註》之經文分段，是以唐華嚴三祖賢首法藏大師之《心經略疏》判攝為綱要，結果靈源老和尚在本書結尾時才說，雖然傳統註釋《心經》三段組織是序分、正宗分、流通分，但他比較欣賞日本空海弘法大師的《心經祕鍵》五分分科，老和尚再於正宗分本論中，列出理論門有三觀：人間觀、世界觀、人生觀，又說實踐門有修養法與理想境。故進入第二篇〈釋經文〉的調整較多，是依靈源老和尚自己的分科為主，如上綱要就成為本書章節，再把內文集註的重點列為目錄主題，所以現在編輯《心經集註》的方式，大綱上已脫離難讀的古式科判，眼前呈現的是新式簡潔目錄與標題。

如上之第二篇〈釋經文〉註疏，已經不是中國傳統的三分分科，也不是日本弘法大師偏重於密咒的五分分科，本書是將靈源老和尚自己的〈《心經》分科〉放在篇首，賢首法藏大師《心經略疏》之科判〈賢首略疏〉則列表放於附錄。讀者若對《心經》的現代註釋有進一步的興趣，可參考東初老和尚的《般若心經思想史》，有更白話的說明，聖嚴法師的《心的經典——心經新釋》中，也有人類觀、宇宙觀、因果觀等現在語彙式的講記。此倡印書《心經精華錄》末有附一篇〈心經結義〉，是靈源老和尚一九四九年在廣州六榕寺所作，原收錄於《山居雜語》，一九五一年香港寶蓮禪寺出版；但先前我依其出版時代次序，已編輯收錄於新集結本《淨土直說》之中。

末後，都說人生如夢迷人未醒，《心經》告訴我們雖一切法空，而空性因緣不可思議。個人自從發願出版靈源老和尚的著作以來，至編輯此書的前十年之間，也經歷過兩次腦部疾病治療，就是在清醒中，進行清除腦瘤的特殊手術；雖然自己身無大礙，而實際心裡還有願望未完成，那是受到如湧泉般的恩澤未報，只能透過長時間編輯，累積有限利人的佛書來還願，就形成我在力有未逮的情況下，勉強自己向著提高可讀性上編輯；可是近年常出入於醫院，身心不調愚癡障礙多，拖了三年的時間才完成這本書。但也因為經過三年的思考與調整，編輯好之後有些微欣慰，所以雖然這場夢還是夢，但當下自覺的祕笈已經在手上。因此，我用誠心的祝福來莊嚴這項禮物，希望諸學佛同好者，透過展讀《心經集註》的清涼法義，貫通「空有無」的智慧精華，如是體會到活在人間，真的就是佛在人間。

二〇二〇年十月二十一日

釋果興於法鼓山禪堂

目錄

編者序　003

懸起：大覺禪寺僧靈源集　017

第一篇——釋經題

壹、釋般若　021

一、釋翻與不翻　022

二、釋智字　023

三、釋慧字　028

四、釋二般若　030

五、釋三般若 036
（一）總釋 036
（二）由有門順釋 037
（三）由空門逆釋 039
六、釋五般若 046
貳、釋波羅蜜 050
一、釋四義 050
二、釋六度 051
（一）分別利益 051
（二）各開三品 060
三、六度三輪體空 066
四、六度三門 068
五、六度開合 069

參、釋合題　071

一、釋多字及摩訶　071
二、合釋般若波羅蜜多　073
三、釋心字　076
（一）真妄二心，名同實異　076
（二）舉世教與佛教之差別　079
四、釋經字　085
五、合釋　085

肆、譯經人　088

一、唐三藏法師玄奘　088
二、《心經》譯本　089
三、經典的形式　090
四、新舊譯的不同　091

第二篇　釋經文

《般若心經》經文　095
《心經》分科　096
壹、略標綱要（人法總通分）　103
一、行者「觀自在菩薩」（能觀人）　103
（一）觀自在　103
（二）菩薩　108
（三）大慈大悲　112
二、修行「行深般若波羅蜜多時」（所行行）　115
（一）行深般若　115
（二）耳根圓通　118
三、自利「照見五蘊皆空」（觀行境）　121
（一）照見五蘊　121

（二）五蘊皆空 126
四、利他「度一切苦厄」（觀行利益） 132
貳、人間觀：正報論（拂外疑） 134
一、聽者人格「舍利子」 134
二、現象觀「色不異空，空不異色」 139
（一）揀妄明真 143
（二）法義纂集 145
三、本體觀「色即是空，空即是色」 149
（一）華嚴三觀 151
（二）天台三觀 152
（三）色空都不住 156
四、精神觀「受、想、行、識，亦復如是」 159
（一）心法亦然 159
（二）色因識變 162

參、世界觀：依報論之始（三科無我）　165

一、總論空觀「舍利子！是諸法空相，不生不滅，不垢不淨，不增不減」　165

（一）顯法體　165

（二）別顯三釋　168

（三）中論八不　170

二、五蘊空觀「是故空中無色，無受、想、行、識」　172

（一）真理非事　172

（二）生起邊際　177

三、十二處空觀「無眼、耳、鼻、舌、身、意；無色、聲、香、味、觸、法」　180

（一）根塵互涉　181

（二）合心開色　182

四、十八界空觀「無眼界，乃至無意識界」　184

（一）皎然清淨　184
（二）總結三科　186
肆、人生觀：正依報之終（三乘教法）　188
一、十二因緣空觀「無無明，亦無無明盡；乃至無老死，亦無老死盡」　188
（一）十二因緣生起門　189
（二）十二因緣還滅門　192
（三）因識入胎，後有名色　199
二、四諦空觀「無苦、集、滅、道」　202
（一）染淨因果門　202
（二）天台四教四種四諦　211
三、六度空觀「無智亦無得」　214
（一）境智能所門　214
（二）問答　220

伍、修養法（因位菩薩道） 224
一、行者人格「以無所得故，菩提薩埵」 224
二、修行原因「依般若波羅蜜多故」 226
三、證悟結果「心無罣礙；無罣礙故，無有恐怖，遠離顛倒夢想，究竟涅槃」 226
（一）斷障得果 226
（二）結上三句 228
（三）總歸涅槃 231
陸、理想境（果位佛道） 235
一、佛陀，首句「三世諸佛」舉能得之人 235
二、佛行，次句「依般若波羅蜜多故」舉所修之法 237
三、佛果，後句「得阿耨多羅三藐三菩提」舉所得之果 239

柒、流通分　242

一、禮讚般若（總歸持明分）　242
（一）別歎「故知般若波羅蜜多，是大神咒，是大明咒，是無上咒，是無等等咒」　242
（二）總結「能除一切苦，真實不虛」　249
二、護持般若（密藏真言分）　249
（一）密說般若「故說般若波羅蜜多咒，即說咒曰：揭諦！揭諦！波羅揭諦！波羅僧揭諦！菩提薩婆訶」　250
（二）流通奉行（別譯流通分）　251
〈迴向偈〉　252
【附錄】〈賢首略疏〉　253

懸起：大覺禪寺僧靈源集

釋迦如來為一大事因緣故出現於世，做長夜之明燈，普令眾生皆得悟入佛之知見，獲本來之面目，出衣內之明珠，共證菩提，究竟涅槃。其所說之法皆有對待，旨在破眾生之執著。二執俱亡，二空理顯。如我與法對；理與事對；色與空對；真與妄對；諸佛與眾生對；淨土與穢土對，無量諸法皆不離此。若打破法執，絕諸對待，情解淨盡，是名第一義諦；但在眾生分上，決不可能也。故初心學佛，必先依一面：或依空起觀，直契真如本體；或依色明心，立方便中之方便。如今之禪宗及賢首宗，均主由真悟入，頓超佛地，不落第二門頭。而淨土宗及天台宗，均主由妄悟入，妄想豁破，真心自現。故一部《楞嚴》之解釋，在賢宗則云依根不依識，蓋根者根於性，依性起修，不依妄識。《華嚴》云：「應觀法界性」是也；在天台則云依識不依根。互相是非，實則雙方皆可入門，豈有高下之差，貴在行人善用其心耳。

《般若心經》者，依空起修之法門也，故始自五蘊皆空，終於無智亦無得。此一經之目標，當先認識，然後知講者非有意談空，蓋經義所重耳。此經統該《大般若經》之精要，《大般若經》有六百卷，而此經祇二百六十字，經文雖少，而內容豐富，三乘修學，總在乎此。行人依之必得斷妄證真，能除一切苦，真實不虛。

所以古德云：「《般若心經》，功德無盡，拔妄想根，脫生死病。」吾人早晚課誦，一切佛事皆不離此，是以講解，尤為重要，為佛教徒之常識，不可不知者。今解非靈源杜撰，乃編集古今名註之精華於一冊，得此則古今註疏均在於此矣。文中作法不一，或文言、或白話，蓋頗多照直抄寫下來，在此說明，免生譏毀。

第一篇

釋經題

壹、釋般若

《心經》之經題為：般若波羅蜜多心經，是唐三藏法師玄奘所譯。先分釋後合釋，今先釋般若。

般若為梵語，此翻智慧。不云智慧而云般若者，智慧輕薄乃世人之常稱也。般若尊重，（五不翻之一）何耶？《請益說》云：「菩提薩埵，依般若波羅蜜多故心無罣礙，乃至究竟涅槃。三世諸佛依般若波羅蜜多故，得阿耨菩提是知般若不獨菩薩所師，亦為諸佛所師，故尊重也。」

《華嚴》云：「雖盡未來際，徧遊諸佛剎，不求此妙法，終不成菩提。」《大乘心地觀經》云：「此法難遇，過優曇一切世間應渴仰，十方諸佛證大覺，無不從此法修成。」又譯為「明」，照了一切諸法皆不可得，而能通達一切無礙。即一切智智：在因為般若，在果即菩提。又云薩婆若海。即一切智海也。六祖大師云：「心量廣大，遍周法界，用即了了分明，應用便知一切，一切即一，一即一切，來去自由，心體無滯，即是般若。」又云：「一切處所一切時中念念不愚，常行智慧即是般若行，一念愚即般若絕，一念智即般若生。」

一、釋翻與不翻

唐玄奘法師五種不翻之例。

1. 祕密不翻：如諸陀羅尼是。
2. 多義不翻：如比丘有三義，婆伽婆有六義等。
3. 此方無不翻：如菴摩羅果，閻浮提樹等。
4. 順古不翻：如南無、菩提等。
5. 尊重不翻：如般若波羅蜜等。

又譯梵成漢，向有四例：1.音字俱翻，如諸經文。2.音字俱不翻，如梵本。3.翻音不翻字，如佛胸卍字。4.翻字不翻音，如諸陀羅尼。

智慧與聰明大相懸絕，聰明由塵境而發，到底愚癡。智慧由本心而生，總歸正覺。聰明是不正確的、虛妄的、染汙的、非普遍的。智慧是指正確的、真實的、清淨的、普遍的。聰明有生滅，智慧無依傍，所以大不相同。因在中國每把智慧與聰明儱侗不分，所以祇好仍用原音，以免與普通的智慧相混，但解釋上仍須用智慧二字。

云何智慧義？能知諸法實相是智義，能知諸法無生是慧義。若有照有得不名智慧，無照無得而本圓寂，是智慧義。《楞嚴》云：「圓明照生所，所立照性亡。」故有能照所照，屬於生滅，非般若也。分別言之，決斷曰智，揀擇曰慧。知俗諦曰智，照真諦曰慧。照見名智，解了稱慧。慧門鑒空，智門照有，通則義齊。

般若為六度萬行之總體，前五為福行，後一為慧行。以福行助成慧行，依慧行而斷惑證理，度生死海也。

二、釋智字

智，有一智、二智、三智、四智、五智、八智、十智、十一智、二十智、四十八智、七十七智之多。

一智

《華嚴》云：一切諸如來，同共一法身，一心一智慧，力無畏亦然。唯一佛智，即一切種智也。

二智

1.如理智，如佛菩薩真諦之理，又名根本智、無分別智、正體智、真智、實智。2.如量智，如佛菩薩俗諦之事量。又名後得智，有分別智、俗智、權智。又權智，即一切智、道種智，觀於有無二諦也。實智，即一切種智，觀於中道第一義諦也。又有二種智：1.一切智，達於一切法實性之智也。2.一切種智，通於一切法種種事相之智也。聲聞緣覺僅有一切智，唯佛具二智。

三智

知本體之空曰一切智。知現象之假曰道種智。知現象即中道實相之理曰一切種智。1.一切智，破見思惑所顯，為聲聞緣覺之智，知一切法之總相，謂於一切內法內名（理內所詮之法相，及能詮之名字，蓋佛依理而說故名理內），能知能解；外法外名（外道違理橫計之法），亦能知能解，是名一切智。依空觀所證，對治凡夫之有。2.道種智，破塵沙惑所顯，為菩薩之智。能用諸佛一切道法，發起眾生一切善種，知一切種種差別之道法者。依假觀所證，對治二乘之空。3.一切種智，破無明所顯，為佛之智。佛智圓明，通達總別二相，知一切道（一切諸佛之道法），知一切種（一切眾生之因種），他道斷惑一切種法者。依中道第一義諦觀所證，對治菩薩之假。又三智者，有世間智、出世間智、世出世間上上智。

四智

凡夫有八識，至如來轉為四智：1.大圓鏡智，轉第八識而成。2.平等性智，轉第七識而成。3.妙觀察智，轉第六識而成。4.成所作智，轉前五識而成。又羅漢有四智：我生已盡（苦諦智），梵行已立（集諦智），所作已辦（道諦智），不受後有（滅諦智）。又《大智度論》有道智、道種智、一切智、一切種智。

五智

密教所說，於八識所轉四智，加法界體性智。

密教者，佛教之總體，亦真髓也。《大日經》以「因」、「根」、「究竟」三句為宗。《金剛頂經》以法界體性智等之五智為宗。三句之中，「因」如播種，即發菩提心。「根」如根幹開花，即發心後之修行。「究竟」如結果實，即自修而證，佛果圓滿。五智，即法界體性智等，智證大師之入真言門，講演《法華略儀》，次五時之說法，以配五智。又法界體性智之稱於台密，在慈覺之後。大乘、小乘、三乘、一乘，一代時教，無不自此五智流出，離三句之法門者無也。

能貫五智			所貫五類即五色之修多羅
法界體性智	法華	白	
大圓鏡智	華嚴	赤	
平等性智	方等	黃	
妙觀察智	般若	青	
成所作智	阿含	黑	

八智

證欲界四諦之智謂之四法智，證上二界四諦之智謂之四類智。四法四類合為八智。即觀八諦正斷煩惱之無間道位，謂之忍。既斷煩惱之解脫道位，謂之智。總有八忍八智，是無漏智之初也。

十智

小乘立十智，以攝一切智（見《俱舍論》卷二十六），又大乘說如來所具之十智（見《華嚴經》第十六）。1.三世智，2.佛法智，3.法界無礙智，4.法界無邊智，5.充滿一切世界智，6.普照一切世間智，7.住持一切世界智，8.知一切眾生智，9.知一切法智，10.知無邊諸佛智。

四十八智

約十二緣起，以四諦觀之，而生四十八支之有漏智也。

七十七智

是觀十二支中後十一支之有漏智，十一各有七智故。

《竹窗隨筆》曰智有二：

1.世間智（又二）：⑴博學宏辭，長技遠略，多知多解勝乎人者。⑵明善惡、別邪正，知其所當行、止其所當止者。（二中僅得其初，是謂狂智，當墮三塗。兼得其後，是謂正智，報在人天。何耶？德勝才謂之君子。才勝德謂之小人也。）

2.出世間智（又二）：⑴善能分別如來正法、四諦六度等，依而奉行者。⑵破無明惑，如實了了，見自本心者。（二中僅得其初，是出世間智也，名為漸入。兼得其後，是出世間上上智，乃名頓超。何以故？但得本，不愁末；得末者，未必得本也。）

三、釋慧字

慧，分明事理決斷疑念之作用，即通達事理之作用。又智與慧雖為通名，然對實相，達於有為之事相為智，達於無為之空理為慧。《唯識論》云：於所觀境揀擇為性，斷疑為業。就實以論，真心體明，自性無闇，目之為慧。有三慧、六慧等。

三慧	1. 聞慧	信成就發心	十信	師	圓滿
	2. 思慧	解行發心	三賢	行	
	3. 修慧	證發心	十地	果	

前二為散智，但發修慧之緣。修慧為定智，而有斷惑證理之用（見《成實論》卷二十）。

六慧（見《瓔珞經》）

1.聞慧（約別教）	十住	位中	因聞	中道之理	知一切法離二邊相，故名聞慧。
2.思慧	十行		思惟		發生一切智慧，故名思慧。
3.修慧	十向		修習		發生一切智慧，故名修慧。
4.無相慧	十地		證知		空無性相，發生一切智慧，故名無相慧。

5.照寂慧——等覺——以中道觀慧，照中道之理體，故名照寂慧。

6.寂照慧——妙覺——能於中道之理，即寂而照，即照而寂，寂照不二，定慧平等，故名寂照慧。

照即中道之用——等覺——寂照無二，諸法平等。

寂即中道之體——妙覺——寂照雙泯，真常獨耀。

真俗不二，體用一如，總言智慧，恐濫於俗，故曰般若。般若體一，對機不同，故有種種名稱，有二般若，三般若，五般若。《大智度論》云：般若是一法，佛說種種名，隨諸眾生類，為之立名字。

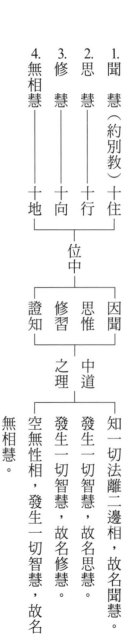

四、釋二般若

二般若者：1.人空般若，2.法空般若。

佛法入門，有二要義：一者眾生空，二者萬法空。眾生不空，謂之我執。萬法不空，謂之法執。何謂我執？謂我能主宰是也。主宰即是意識，非真有我。如果我能主宰，誰人肯入地獄，甘做畜生餓鬼？故知身中無我，全是意識分別執著。意識是生死根本，急宜斷除，不可姑息。所以大乘菩薩，先修無我觀，以得人空，謂之人空般若。何謂法執？法者，內之五根，外之五塵，皆是四大造成，謂之色法。受想行識，謂之心法。色心二法，其性皆空，眾生不知，認為實有，起惑造業，生死不絕。菩薩教人修法空觀行，即空六根、六塵、六識諸法也。悟一切皆無自性，其體本空，名法空般若。世人皆為我法二執所蔽，所以不知真心。若欲悟真心，先須信入人空法空之理。若得人、法俱空，剎那成佛，永度一切苦厄。

註：我執的根本是認萬象中的一一現象，以為有永久性和決定性，於自我本位見一切事物有價值，誤取無常為常、無我為我，執四大和合的假相為實有，便成為我執，又名妄見。空之一字就是把妄執分別的世界看為無價值，否認其真實性，也

就是否認我等凡夫的立場人生觀和價值觀。

問：如何知無我耶？

答：如果有我能主宰，則臨命終時，妻妾財產皆可攜去，云何不能耶？天上樂土，作惡之人，皆可往生，云何不能耶？二俱不能，主宰安在？且一人之身，六根均動，豈有六我耶？如以六根為我，死時六根尚在，何以不能行動？故知無我。經云：「世間受生，皆由著我，若離此著，則無生處。」

問：云何知無法耶？

答：根身器界，在人類共業同分中，見以為實，餘五道中，各有不同。可見六道之中，各各自變六塵境界，皆由業識所造，安有定法？故知一切人事營為，都是業風驅遣，識心所生，猶如夢幻泡影，空而不實。經云：「不見諸法空，恆受生死苦。」若能悟入二空，便證無生法忍，即得阿耨多羅三藐三菩提。

又二般若者，1.共般若，即淺般若。2.不共般若，即深般若，此經是也。

共般若，乃佛以教化菩薩之法，共二乘說。而二乘人雖則共聞，或有共證（三乘之法），或不共證（二乘之法），以其根淺智劣，得少為足，故《淨名經》訶之。《金剛經》云：「一切賢聖皆以無為法而有差別。」無為法者，三乘共般若也。《大般若經》云：「甚深般若波羅蜜多，通攝聲聞獨覺菩薩及正等覺。」《大智度論》云：「諸佛及菩薩，聲聞辟支佛，解脫涅槃道，皆從般若得。」此所以為共般若也。然般若以實相為體，既有共義以對不共，則實相亦然。《華嚴》亦云：「諸法實性相，常住無變異，二乘亦得此，而不名為佛。」此所謂共實相也。易言之，即真諦涅槃之理，無可言說，是故教中有三人同以無言說道斷煩惱入涅槃之義。

不共般若，獨菩薩法，不與二乘共證，亦有使之共聞者。如《涅槃》云：「下智觀故得聲聞菩提。中智觀故得緣覺菩提。上智觀故得無上菩提。」又云：「知四聖諦有二種智：一者中，二者上。中者聲聞緣覺智，上者諸佛菩薩智。」皆共聞而不共證也。《金剛經》云：「是經有不可思議不可稱量無邊功德，如來為發大乘者說，為發最上乘者說。」《華嚴》云：「雖知一切法無生滅，而不於實作證。雖入三解脫門，而不取聲聞解脫。雖觀四聖諦，而不住小乘聖果。……雖超凡夫地，而不墮聲聞辟支佛地。」如是等法，豈唯不與共證，而亦不與共聞者也。不共般若者，以不共實相為體。不共觀照為相。不共方便為用。

又共般若者，聲聞以苦集為此岸，道諦為舟航，滅諦為彼岸。緣覺以十二因緣三世流轉為此岸，觀智為舟航，緣生性空即寂滅相為彼岸。若依不共般若，總以凡夫蘊處界及三乘賢聖所修所證為此岸，以觀照般若為舟航，實相真空為彼岸，即此經是。

又二般若者，1. 世間般若，未得真實之前，行有相有見者。2. 出世間般若，心如虛空，平等寂靜，離諸名相。

又有	深	般若，	智周沙界，凡諸癡暗無明，應照即破。
	廣		量等虛空，弘法利生，立己立人。

即	真智	般若有	深	般若則必含	廣	般若。以非	廣	無以	成深	故。
	俗智		廣		深		深		見廣	

此顯彼隱，彼顯此隱，善知此義，則一切世出世間之法，均是般若。

問：既世間法、出世間法都是般若，為何吾人不見呢？

答：天台韶國師陞座，僧問：「承古有言，若人見般若，即被般若縛；若人不見般若，亦被般若縛。既見般若，為什麼被般若縛呢？」師云：「你道般若見什麼？」僧云：「不見般若為什麼卻被般若縛耶？」師云：「你道般若什麼處不見？若見般若不名般若，不見般若亦不名般若，般若且作麼生說見不見？」所以古人道：「若失一法不成法身，若剩一法亦不成法身。若有一法不成法身，若無一法亦不成法身。此是般若之真宗。」古德云：「法身無相，觸目皆形；般若無知，對緣而照。」蓋般若者，此云智慧。正知曰智，正見曰慧，即是正知正見。揀非凡夫妄知妄見，外道邪知邪見，非可見非不可見也。

凡夫妄知妄見者，執虛妄為實，起種種見解：

言萬物從

言萬物從	大自在天生	似神我論
	和合生	似心物二元論
	時生	似定命論
	世性生	唯心一元論
	變化生	唯物進化論
	自然生	老莊學說
	微塵（原子）生	近代科學

以上各種言論，皆認為有生；若有生，則有能生、所生等妄見。《中論》偈云：「諸法不自生，亦不從他生，不共不無因，是故知無生。」般若以無生為第一義。上述各種言論，執為有生，故謂之凡夫妄知妄見。凡夫執妄見而不捨，便成外道邪見。或說無因而有果；或說有因而無果；或說先因後有果；或說先果後有因；或說因中先有果；或說因中先無果；或說因與果相同；或說因與果各異。以上各種外道，或落常見、或落斷見，皆非般若，稱為世間智慧。

出世間者，非謂離此世間外，別有一世間。無非視察世間而無可得，即是出世間也。有人能知世間一切諸法，皆緣因緣而得名字，並無實性，本來空寂，謂之智，又謂之正知。能見世間一切諸法，皆從因緣，無有自性，當體本空，謂之慧，謂之正見，謂之出世間智慧。以佛法尊重故，稱為般若。《大智度論》偈云：「諸佛說空法，為破諸見故，而復著於空，諸佛所不化。」

又以二智釋
- 真 ┐
- 俗 ┘ 智般若，即
  - 實相般若、根本智。
  - 緣一切五明之後得智。

又有{深／廣}般若，即{本經及諸甚深教觀——照理。／六度四攝等——照機。}

又有{親證／疏緣}般若{菩薩各證少許，惟佛能究盡。／般若本空，無相可說，方便言說，總非究竟。然為度眾生故，說此勝義，但在聞者，仍為疏緣。}

又有{顯了／祕密}般若{明顯說之，令生慧解，滅煩惱障。／祕密說之，令誦生福，滅罪業障。}

今經「即說咒曰」以上，皆是顯了般若。「即說咒曰」以下，即是祕密般若。為滅二障，成二嚴故，說此二分。不配報障者，報由業招，業謝報亡。

五、釋三般若

（一）總釋

般若者，圓常之大覺也。一覺有三德，謂之三般若。1.實相般若，謂如實理體。2.觀照般若，謂證理實智。3.文字般若，謂三藏教海，包括一切諸法。因於文字起觀照，因於觀照而證實體，即證實吾人本來面目，虛靈不昧本覺真心之體也。

修行用功的方法，或依體起用，從空門上下手，則依實相體上而起觀照，離心意識參。如禪宗，由真悟入者也。或攝用歸體依文字而起觀照，由有門上下手，如淨土宗，妄想豁破真理自現，由妄悟入者也。故三般若，或先說實相般若，次說觀照文字。或先說文字般若，次說觀照實相，隨機之便都無不可。

（二）由有門順釋

1.文字般若

不但指普通之語言文字，凡是眼前的山河大地、明暗色空、有相無相，種種境界，在吾人一念之中，炳然顯現的都是，故云翠竹黃花皆般若。又名方便般若，即自心如來後得智中，流出聲名句文，詮顯自心，若法若義，淺深次第也。文字中有般若，亦如王摩詰詩中有畫，畫中有詩，意義相似。文字性空，性空之體，即是般若也。文字非般若之體，而般若藉文字以傳，以文載道，是曰文字般若。

文字與般若，最易混亂，須以四句料揀。

(1)文字非般若：文字如「指」為能顯；般若如「月」為所顯故。

(2)般若非文字：所指之月，非能指之「指」故。

(3)文字即般若：能顯是般若經，所顯是般若心，能所不二故。又能組織是般若心，所組織是般若經，亦能所不二故。

(4)非文字非般若：如粗鄙俚言，不但不文，並是土語，無文字可求，況般若乎？又遣境故非文字，遣心故非般若。文字所說般若非般若，若是般若，豈不證真？如口說火非火，是火豈不燒口？又因緣和合文字性空，能顯之文字既空，所顯般若豈可計執？

2. 觀照般若

既已信解文字性空，即當依解起行，以此一念之心，對於山河大地、形形色色，一切有為無為，都能夠虛靈洞徹，觀照無遺，行起解絕，唯是實相；觀實相故，對於世間功名富貴、人情恩愛、世出世間種種萬象一切不執，亦不離此一切諸法而觀性空。性非諸相而曰實相，實相無相，又非斷空。空有不二，唯一實相。行住坐臥皆如是觀，觀成三昧，名曰觀照般若。此觀照般若能照了實相之理，智明理顯，即心體上本有之大智慧光明。無暗不破，無妄不空。故經云照見五蘊皆空，即度一切苦厄。

3.實相般若

就是吾人現前一念之心，所謂知覺之性，同一切境界之性，無分彼此，不分內外，無是無非，通統是一個法界性。正觀之時，似有能所，三昧成就，能所雙亡，親證實相，即真空心體，無生死涅槃諸法。故經云是諸法空相，乃至無智亦無得。

（三）由空門逆釋

此三種般若，總不離吾人現前一念之心。若吾人現前一念之心，初由文字般若，起觀照般若，最後便可得到實相般若。實相般若為般若之理體，觀照與文字即實智與權智也。以上所言，是攝用歸體，由文字契入實相也。若依體起用，則直接自實相而起觀照，即以實相為首，順逆皆方便，隨行人之根性，總是不二法門。

實相者，一相也，乃是平等相，非是差別相，即吾人本覺真心。體性廣大猶如虛空，無在無不在，能為諸法所依，諸法莫不依之建立。有三：1.實相無相：空一切虛妄之相而本體不空。《金剛經》云：「凡所有相皆是虛妄，若見諸相非相則見如來。」2.實相無不相：不壞一切俗諦之相，而自體不變。3.實相無相無不相：

離一切虛妄之相名為實相。無一切虛妄之相，名為無相。具足恆沙功德，故曰無不相。是實相者即真空理體。真空不礙妙有，妙有不礙真空，真俗圓融，如鏡照像。若言其有，妙有非有。若言其空，真空不空。是謂之實相般若。

《大品般若經》云：「以不住法，住般若波羅蜜中。」即此實相，就萬法體性而言，曰法性。就其體真實常住而言，曰真如。就真實常住為萬法本體而言，曰實相。實相者，非虛故實，非相為相，故名實相。

又實相乃無相之相，離四句：

1. 非以無相為無相（著有）：增益謗。
2. 非以非無相為無相（著無）：損減謗。
3. 非以有無俱相為無相（著亦有亦無）：相違謗。
4. 非以雙非有無為無相（著非有非無）：戲論謗。

如是無相，無相不相，不相無相，即其義也。蓋謂無相，即是不相之相，而不無之相亦即無相也。以此而言無相，然則無相之義，可深思也。此之謂實相。

天台止觀譬云：「般若波羅蜜（初句明實相般若即是所通），譬如大火聚（譬所通也），四邊不可取（譬能通不可取也），無取亦不取（門觀俱亡），一切取悉捨（能所俱亡），是名不可取（總結）。不可取而取，是即名為取（二句明無取故名為得入，義亦兼三，且釋成通）。」要知實相之法，言理可稱實相，言智則名般若，豈唯如是，若於二法達其理趣，可以貫通無量名字，如所謂真如、真性、菩提、涅槃、法界、實際、佛性、法性等，一一無非與實相之法異其名字，所以然者，佛以權智鑑機，機有無量，則佛隨宜所說之法亦無量。《大涅槃經》云：「譬如一火，因所燃故，得種種名，所謂木火、草火、糠火、牛馬糞火。」佛道亦爾，一而無二，為眾生故種種分別。《大智度論》云：「般若是一法，佛說種種名，隨諸眾生力，為之立異字。」

觀照者，依實相理體，所起觀照智用，心光內凝，照了諸法，凡所有相，皆是虛妄，而能照空妄相，方見實相。《大般若經》〈照明品〉云：「般若波羅蜜能照一切法畢竟淨故。」是之謂觀照般若。

文字者，一經連題二百六十八字，具有妙用，觀照之行，實相之理，非此莫顯，剖一微塵出大千經卷，是之謂文字般若。

此三種般若，不即不離，而一而三，而三而一，實相般若能為觀照文字之所依。觀照般若能觀文字所詮之理而契入實相。文字般若則能詮實相之本體與觀照之妙用。

《壇經》神秀大師說偈曰：「身是菩提樹，心如明鏡臺，時時勤拂拭，勿使惹塵埃。」此一偈，即是明觀照的工夫。慧能大師偈曰：「菩提本無樹，明鏡亦非臺，本來無一物，何處惹塵埃。」此即是證悟實相性空的境界了。至於吾人，著在文字，不知觀照，請多誦神秀大師的偈。

又三般若即是體相用三大。

1. 實相般若

《大智度論》云：「一切實，一切非實，及一切實亦非實，一切非實非不實，是名諸法之實相。」蓋謂言其真，則一切皆實，不變義也。言其俗，則一切不實，隨緣義也。言即真即俗，則一切亦實亦不實，雙照義也。離真離俗，則一切非實非不實，雙遮義也。然雙遮固非實相，雙照亦非實相也。必其遮照圓融，不一不異，方名實相也。一法既爾，法法皆然，故曰諸法實相。《大智度論》云：「畢竟不生，即是諸法實相。諸法實相，即是般若波羅蜜。」此所謂實相般若，從體得名。又云：「清淨心常一，則能見般若。」此是禪宗之根本下手處。

2. 觀照般若

《大般若經》云：「譬如燈光，雖不暫住，而能照了，令有目者，覩見眾色。如是般若波羅蜜多，雖於諸法都無所住，而能照了，令諸聖者，見法實性。」又云：「如是般若波羅蜜多，雖假文句種種顯說，而無實法可令執取，雖無可執取，而能顯照諸法。」此所謂觀照般若，從相得名。

3. 方便般若

《大般若經》云：「般若波羅蜜多，微妙甚深，實不可說，今隨汝等所知境界，世俗文句方便演說。」此所謂方便般若，從用得名。

應知三種般若，以方便力為眾生說不無次第，若在菩薩居乎一心，實無三法分別之異。雖無分別，而三法宛爾。亦猶波水與流，同是一濕，苟除濕性，實無流水與波。般若亦爾，非一非三，而一而三，三一圓融，微妙難思，此之謂也。

行人若於實相體上起大智慧，反照實相，見實相已，然後復照如來所演一切法義，冥合自心，無二無別，是以自心為智燈，燭經幽旨也。若行人先由文字般若而發起觀照，由觀照而洞見實相，是以古教為明鏡，照見自心也。或先從空門而入，或先從有門而入，二者各隨根異，非法有定相也，在吾人善用耳。

僧問智門禪師，如何是般若體？師答曰：「蚌含明月。」又問：「如何是般若用？」答：「兔子懷胎。」雪竇頌云：「一片虛凝絕謂情，人天從此見空生，蚌含玄兔深深意，曾與禪家作戰爭。」

次約本經文中具三種般若。

1. 實相般若

「是諸法空相，不生不滅，不垢不淨，不增不減。」應須修慧，生三心、行六度，然後可以住此一真，契正因性。三心者，直心、深心、大悲心。（見《起信論》）

2. 觀照般若

「照見五蘊皆空」應須思慧，離六塵，絕五欲，然後降彼諸妄，契了因性。

3. 方便般若

「度一切苦厄」及「菩提薩埵，依般若波羅蜜多故」乃至得阿耨菩提等。應須聞慧，興二利，豎十門（信、聞、解、持、讀、誦、書、供、說、思）然後能發大心，契緣因性。更列表以明之：

三般若								
實相	所觀真性	如如理	法身	正	修	體	證	
觀照	能觀妙慧	如如智	般若	了	思	相	解行	
文字	詮上之教	方便權智	解脫	緣	聞	用	信成就	
			德	因	慧	大	發心	

實相是如如理，觀照是如如智，智外無如，如外無智，即智即如，即如即智，能所雙絕，對待斯亡，絕亡俱非，即真宗而顯真體。向下更明般若三大義。

1. 體大

有二：⑴真體，即真如，親證實相般若言忘慮絕，百非俱遣，此惟佛能究竟。⑵俗體，即山河大地，黃花翠竹，方便觀照，為般若之疏緣。般若本空，無言可說，但眾生沉迷生死，欲為拔度，故以無量言說，談此勝義。以非親證，故為疏緣般若。

2. 相大

三智、八法、七十義等，一切法相是其義。自初發心，乃至登地，金剛道後，

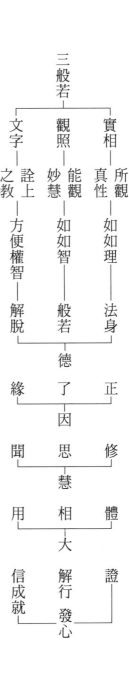

於中所斷煩惱法執，因果宛然，有序不亂，是其相。惟義與理，如車軌相依，兩俱和合，庶可見般若之相。

3. 用大

四諦十二因緣、六度萬行，諸還滅法，及上臻阿練若，一切所作、能作皆是其用，因皆建立於般若空理，始能成為究竟，真實不虛。

上明三般若竟，下明五般若。

六、釋五般若

五般若者，窺基、圓測諸大師，依據《瑜伽論》、《攝大乘論》諸論，於上述三般若外，更說境界般若、眷屬般若二種。境界般若者，謂一切諸法為般若之所緣，即般若真智照了一切諸法皆不可得，通達無礙，皆以一切諸法為境界。境無自相，由智顯發，以根本智、後得智照了一切諸法境界，悉本空寂，從境得名，故名境界般若。眷屬般若者，謂煖、頂、忍、世第一，及戒、定、慧、解脫、解脫知見諸法，皆是觀照般若之眷屬。此五即般若性故、般若相故、般若因故、般若境故、般若伴故。

又般若有境、行、果三義。

1.境大（文字）

一切智、道種智、一切種智，此三智所攝一切能詮之名言、所詮之法相，擴充之即三藏十二部。

2.行大（觀照）

有二義：(1)深（照理）即本經及諸甚深教觀皆是。(2)廣（照機）即六度、四攝等皆是。

3.果大（實相）

即由此甚深般若顯示妙義，引生六度萬行、種種廣行所得之果。唯佛得此圓滿般若之果。即證到三身四智，為親證般若。菩薩、聲聞、辟支各各得此果少許，不能滿分證得。

佛法不離乎心，故此三種般若，即是三種發心：

1.信成就發心

從文字般若性空而得，即是聞慧。菩薩為求法故，上刀山、下火坑，皆所不惜，如善財之參勝熱婆羅門及無厭足王等。

2. 解行發心

從觀照般若而得，即是思慧。

3. 證發心

由明實相般若而得，即是修慧。

《大般涅槃經》云：「發心畢竟二不別，如是二心先心難。」佛法大海，信為得入。信為道源功德母，信能遠離生死苦，信能長養諸善根。信與菩提作基礎，外道尚非信不可，如劉海蟾求仙不惜性命，況佛法乎？不信則親遇文殊、普賢諸大士，都當面錯過。趙州云：「根本智易得，後得智難明。」蓋已得根本智故；若在吾人則應云：根本智難得，後得智易明，得其本則不愁末也。

《大智度論》云：「釋迦文佛本為菩薩時，名曰樂法，時世無佛，不聞善語，四方求法，精進不懈，了不能得。爾時魔變作婆羅門而語之言：我有佛所說一偈，汝能以皮為紙，以骨為筆，以血為墨，書寫此偈，當以與汝。樂法即時自念：我世世喪身無數，不得是利。即自剝皮曝之令乾，欲書其偈，魔便滅身。是時佛知其至心，即從下方踊出，為說深法，即得無生法忍。」又《華嚴經》云：「菩薩為求法故，能施法者，作如是言，若能投身七仞火坑，當與汝法。菩薩聞此，歡喜無量，作是思惟：我為法故，尚不惜身命，於阿鼻地獄諸惡趣中受無量苦，況入人間微小火坑，而得聞法。」所以如來因地之中身燃千燈，捨頭目骨髓皆所不惜者，信心也。

所言發心者，發何等心耶？發到彼岸之心也。彼岸者何？菩提彼岸也。在因為般若，在果為菩提，從因至果即是到彼岸也。故向下再說波羅蜜多。

貳、釋波羅蜜

一、釋四義

波羅蜜有四義，乃般若功能：

1. 奘師翻云「到彼岸」。謂由智慧故到彼岸也，彼岸對此岸而言，所云到者，但見此岸本空，此岸即是彼岸，非別有彼岸可到也。有二：一者心出火宅，見自本性，遍周法界，無去無來，界不能囿也。二者身出火宅，專念彌陀，佛力接引，即生極樂世界，到彼成佛也。佛佛道同，總以生死為此岸，煩惱為中流，菩提涅槃二果為彼岸。若能照見五蘊皆空，人法雙亡，見煩惱即實相，生死即涅槃。彼岸本不可得，但迷者妄執身心為有，遂失慧光，不了諸法實相，枉受生死，妄立此岸耳。

2.《大智度論》譯作「事究竟」。因為我們所住的此岸，一切的希望，一切的事業，皆是不能徹底，虛浮不實。有成必有敗，有盈必有虧，無有一事究竟圓滿。

所謂人無千日好，花無百日紅。惟有那涅槃彼岸，不生不滅，一切一切，皆是究竟圓滿。所以到了彼岸，便可以說是「事究竟」。又叫作「到究竟」。「首楞嚴」者，一切事究竟堅固。即一切事得般若法門即能究竟，不生不滅即是堅固。所作已辦不受後有。

3.《瑞應經》譯作「度無極」。在藏經中有《大明度無極經》六卷三十品。吳代月支國優婆塞支謙譯。其義為「波羅為度生死，蜜為度無極」。

4.《大乘義章》譯作「度」。能度此岸至彼岸故，直示般若之功能也。所謂六度十度。能以六法度六蔽故。六祖大師譯作「離生滅」。著境生滅起，如水有波浪，即名為此岸。離境無生滅，如水常通流，即名為彼岸。

二、釋六度

（一）分別利益

又到彼岸者，菩薩修檀等六法，能從二種生死此岸，到二種涅槃（有餘、無餘）彼岸故。事究竟者，菩薩修此六法，能究竟通別二種因果，一切自行化他之事故。度無極者，因此六法，能度通別二種事理諸法之廣遠故。

1.施，檀波羅蜜

六度以布施為第一者，一念不有，去得慳心，方於此岸無所繫戀，得到彼岸，故居第一。

《大智度論》：問曰：檀有何等利益？答曰：檀為破苦，能與人樂。檀為安隱，臨命終時，心不怖畏。檀為慈相，能濟一切。檀為大將，能伏慳貪。檀為妙果，天人所愛。檀為積善福德之門。檀為立事聚眾之緣（古人云：財散則民聚，財聚則民散）。檀為福業善人之相。檀破貧窮，斷三惡道（故迦葉乞貧不乞富）。檀為涅槃之初緣，善法道行之根本。譬如失火之家，黠慧之人明識形勢，及火未至，急出財物，舍雖燒盡，財物悉在，更修室宅。好施之人，亦復如是。知身危脆，財物無常，修福及時，如火中出物。後世受樂，亦如彼人更修宅業。愚惑之人，但知惜屋，怱怱營救，不量火勢，屋既不救，財物亦盡。慳惜之人，亦復如是，不知身命無常，須臾叵保，而更聚斂，守護愛惜，忽焉逝沒，形與土木同流，亦如愚人憂苦失計。難得物施，故得福增多。隨所有物盡能布施，故得福增多。

《大莊嚴論》：「檀」有三種：1.資生檀，內外身財一切捨故。2.平等檀：於諸施田離高下故。3.無厭檀，勇猛恒施，不疲倦故。

譬如大月氏弗迦羅城中，有一畫師名千那，到東方多利陀國，客畫十二年，得三十兩金，持還本國，於弗迦羅城中，聞打鼓作大會聲，往見眾僧，信心清淨，即問維那：此眾中幾許物得作一日食？維那答曰：三十兩金。即以所有盡付維那為作一日食，空手而歸。其婦問曰：十二年作得何等物？答曰：我得三十兩金。即問三十兩金何在？答言：已在福田中種。婦言：何等福田？答言：施與眾僧。婦便縛夫送官治罪。官問何事。婦言：我夫狂癡，十二年作得三十兩金，不憐愍婦兒，盡以與人。官問其夫：汝何以不供給婦兒，乃以與他人？答言：我先世不行功德，今世貧窮，受諸辛苦，今世遭遇福田，若不種福，後世復貧，貧貧相續，無得脫時，我今頓捨貧窮，以是故，盡以金施眾僧。官是優婆塞，信佛清淨，聞是語已，讚言：是為甚難，勤苦得此，盡以施僧。即脫身瓔珞，及所乘馬并一聚落以與，云：「汝始施眾僧，眾僧未食，是為穀子未種，芽已得生，大果方在後耳。」

檀波羅蜜有二種：一者具足，與般若波羅蜜和合，十住菩薩所得，是名具足。二者不具足，初發菩薩心，未得無生忍法，未與般若波羅蜜和合，是名不具足。尸羅波羅蜜乃至禪波蜜亦如是。具足者有大方便力，未具足者無方便力。

2.戒，尸羅波羅蜜

《大智度論》云：「若人求大善利，當堅持戒，如惜重寶，如護身命。何以故？譬如大地，一切萬物有形之類，皆依地而住。戒亦如是，戒為一切善法住處。復次，譬如無足欲行，無翅欲飛，無船欲度，是不可得。」故菩薩持戒，寧自失身，不毀小戒。如菩薩本身曾作大力毒龍，受一日戒，入林思惟，坐久而睡。龍法，睡時形狀如蛇，身有文章，七寶雜色，獵者見之驚喜曰：以此希有難得之皮，獻上國王，不亦宜乎？便以杖按其頭，以刀剝其皮。龍自念：「我力如意，傾覆此國如反掌，此人小物豈能困我？我今以持戒故不計此身。」於是自忍，眼目不視（以眼視人其人便死故），閉氣不息（若其人身力彊者，氣往而死故），憐愍此人，一心受剝，不生悔意。既失其皮，赤肉在地，宛轉土中，欲趣大水，見諸小蟲，來食其身，為持戒故，不復敢動，自思惟言：「今我此身，以施諸蟲，為佛道故，今以肉施以充其身，後得佛時，當以法施以益其心。」如是誓已，身乾命終，即生忉利天上。爾時毒龍，釋迦牟尼佛是。獵者，提婆達等六師是。諸小蟲輩，初轉法輪時，八萬諸天得道者是。菩薩護戒，不惜身命，決定不悔，是為尸羅波羅蜜。

《大莊嚴論》云：「菩薩有五種尸羅：一者常尸羅，生生常有故。二者自性尸羅無功用心住真實體故。三者圓滿尸羅，十善業道皆具足故，如《十地經》說。四者自樂尸羅，恒自愛樂故。五者不放逸尸羅，念念無犯故。」

3. 忍，羼提波羅蜜

《大智度論》云：忍辱有二種，生忍、法忍。菩薩行生忍，得無量福德。行法忍，得無量智慧。福德、智慧二事具足故，得如所願。譬如人有目有足，隨意能到。菩薩若遇惡口罵詈，若刀杖所加，思惟知罪福業因緣諸法，內外畢竟空，無我、無我所。以三法印印諸法故，力雖能報，不生惡心。……得是忍法故，忍智牢固；譬如畫彩，得膠則堅著。蓋善心有二種：麤名忍辱，細名禪定，未得禪定心樂，能遮眾惡，是名忍辱。心得禪定樂，不為眾惡，是名禪定。

云何名生忍？有二種眾生來向菩薩，一者恭敬供養，二者瞋罵打害。爾時菩薩其心能忍，不愛不瞋，是名生忍。利養之害，如提婆達多，身有三十相，而不能忍伏其心，受阿闍世供養故，而作大罪，生入地獄。於逆境能忍者，如佛昔為歌利王割截身體，興大悲心。彼若不加罪惱，我則不成忍辱，以是故亦是我師。次當思惟，佛種甚多，若我瞋意向之，則為瞋佛。復次，此人若罵若打，是為治我，譬如金師鍊金，垢隨火去，真金獨在。此亦如是，若我有罪，是從先世因緣，今當償之，不應瞋也。瞋咎最深，三毒之最重，九十八使此為最堅，瞋恚之人，不知善，不知非善，不觀罪福，不知利害，不自憶念，當墮惡道。忍辱之人，雖不布施禪定，而常得微妙功德，生天上人中，後得佛道。復次，菩薩育養一切，愛之如子，若眾生瞋惱菩薩，菩薩愍之不瞋不責。譬如慈父撫育子孫，子孫幼稚，未有所識，或時罵詈打擲，不敬不畏，其父愍其愚小，愛之逾至，雖有過罪，不瞋不恚，菩薩忍辱亦復如是，是名生忍。

云何名法忍？一切法有二種：一者眾生，二者諸法。生忍如前說，法有二種：心法、非心法。非心法中有內有外，內有飢渴老病死等；外有寒熱風雨等。心法中有二種：一者瞋恚憂疑等，二者淫欲憍慢等。菩薩於此心法、非心法，能忍不動，是名法忍。

問：於眾生中，若瞋惱害命得罪，憐愍得福，寒熱風雨無有增損，云何而忍？答：雖無增損，自生惱亂憂苦，害菩薩道，以是故應忍。復次，非但殺惱眾生故得罪，為惡心作因緣故有罪。所以者何？雖殺眾生，而無記心，便無罪。慈念眾生，雖無所與，而得大福。寒熱風雨，雖無增損，然以能生惡意，故得罪。以是故，應當忍。自知宿罪因緣，生此苦處，此我自作，我應自受，如是思惟，是故能忍。

靈源云：財色不空休談道，貢高我慢莫參禪。說時容易行時難。其未能者，八風吹不動，一屁打過江。能忍者，如法海禪師在溈山門下挑水三年。

4. 進，精進波羅蜜

復次，菩薩於諸煩惱中，應當修忍精進，不應斷結，何以故？若先世曾作賈客主，將諸賈人入嶮難處，是中有羅剎鬼，以手遮之言：「汝住莫動，不聽汝去。」賈客主即以右拳擊之，拳即著鬼，挽不可離。又以左拳擊之，亦不可離。以右足蹴之，足復黏著。復以左足蹴之，亦復如是。以頭衝之，頭即復著。鬼問言：汝今如是，欲作何等？心休息未？答言：雖復五事被繫，我心終不為汝伏也。當以精進力與汝相擊。鬼時歡喜，心念此人膽力極大，即語言：汝精進力大，必不休息，放汝令去。行者如是，於善法中初夜、中夜、後夜，誦經坐禪，求諸法實相，不為諸結使所覆，身心不懈，是名精進相。如經云：行者端身直坐，繫念在前，專精求定，正使飢骨枯朽，終不懈退。是故精進修禪。於五根中名精進根；根增長名精進力；心能開悟名精進覺；能到涅槃城名正精進。如是名精進波羅蜜。

5.禪，禪那波羅蜜

《大智度論》云：菩薩行施、戒、忍三事，名為福德門，於無量世中作天王，轉輪聖王，常施眾生七寶衣服五情所欲，令得快樂。此樂無常，菩薩因此發大悲心，欲以常樂涅槃利益眾生。此常樂涅槃從實智生，實智從禪定生。以是故，菩薩雖離眾生遠在靜處，求得禪定。若求世間近事，不能專心，則事業不成，何況甚深佛道耶？

禪定名攝諸亂心，亂心輕飄，甚於鴻毛，馳散不停，不可制止，暫現轉滅，甚於掣電，心相如是，不可禁止，若欲制之，非禪不定。於禪中不受味、不求報，不隨報生，為調心故入禪，以智慧方便還生欲界，度脫一切眾生，是時禪名為波羅蜜。

復次，菩薩入深禪定，一切天人不能知其心所依所緣，如維摩為舍利弗說宴坐法，不依身，不依心，不依三界，於三界中不得身心，是為宴坐。復次，菩薩知諸法實相故入禪，中心安隱，不著味。諸餘外道雖入禪定，心不安隱，不知諸法實相，故著禪味。

問曰：阿羅漢、辟支佛俱不著味，何以不得禪波羅蜜？答曰：阿羅漢、辟支佛雖不著禪味，無大悲心故，不名禪波羅蜜；又復不能盡行諸禪，菩薩盡行諸禪，麤細、大小、深淺、內緣、外緣，一切盡行，以是故，菩薩心中名禪波羅蜜，餘人但名禪。

復次，外道、聲聞、菩薩皆得禪定，而外道禪中有三種患，或味著、或邪見、或憍慢。聲聞獨善其身，禪中慈悲薄，於諸法中不能以利智貫達諸法實相。菩薩禪中無此事，欲集一切諸佛法故，於諸禪中不忘眾生，乃至昆蟲常加慈念。如佛本為螺髻仙人，名尚闍黎，常行第四禪，出入息斷，在一樹下坐，兀然不動，鳥見如此，謂之為木，即於髻中生卵，是菩薩從禪覺知頂上有鳥卵，即自思惟：「若我起動，鳥母必不復來，鳥母不來，鳥卵必壞。」即還入禪，至鳥子飛去，爾乃起。

復次，菩薩行禪波羅蜜時，五波羅蜜和合助成，以禪波羅蜜力得神通，一念之頃，不起於定，能供養十方諸佛。又能變身無數，遍入五道，以三乘法教化眾生。以禪定因緣故破散亂心，離五欲罪樂，能為眾生說離欲法。禪是般若波羅蜜依止處，依止禪，般若波羅蜜自然而生。如經中說：「比丘一心專定，能觀諸法實相。」

6. 慧，般若波羅蜜

《大智度論》，問曰：云何名般若波羅蜜？答曰：諸菩薩從初發心，求一切種智，於其中間，知諸法實相慧，是般若波羅蜜。問曰：若爾者，不應名為波羅蜜，何以故？未到智慧邊故。答曰：佛所得智慧是實波羅蜜，因是故，菩薩所行，亦名波羅蜜，因中說果故。是波羅蜜在佛心中，變名為一切種智。菩薩行智慧求度彼岸，故名波羅蜜。佛已度彼岸，名一切種智。

問曰：佛一切煩惱及習已斷，智慧眼淨，如實得諸法實相，諸法實相即是般若波羅蜜。菩薩未盡諸漏，慧眼未淨，云何能得諸法實相？答曰：如人入海，有始入者，有盡其底者，深淺雖異，俱名為入。佛菩薩亦如是，佛則窮盡其底，菩薩不能深入。又如於暗室然燈，照諸器物，皆悉分了，更有大燈，益復明審，則知後燈所破之暗，與前燈合住，前燈雖與暗共住而亦能照物。

（二）各開三品

六度每一度各開三品，共成十八度。

1. 第一者：施，布施三品

(1) 財施，如施診給藥、施茶、施衣等福利事業。

(2) 法施，將佛法廣布弘揚，攝化眾生，利他事業。

⑶無畏施，不著刀杖，不殺生命，保護生物。遇到別人有災害苦厄之時，能夠盡力保護，並加安慰等，利人事業。

偈曰：勸君何必苦貪財，貪得財來天降災，貪得財來人不在，不如人在少貪財。布施的善因，好比種子。布施的對象，好比田地。從布施的種子能生福德的果實，所以布施叫作種福田。有二種福田：

⑴悲田，施與無歸無依貧苦的人，使他們不受生活的逼迫。

⑵敬田，對父母師僧三寶，應該不忘報恩，勸導不信佛的父母師長歸依三寶，虔誠供養。

悲敬雖分二種，實則分而不分的。《華嚴經》云：「菩薩若能隨順眾生，則為隨順供養諸佛；若於眾生尊重承事，則為尊重承事如來。」因此我們對悲田的布施，也就是對敬田的供養。如果沒有財物，看見別人布施又不生歡喜心，這樣的人，才是真正貧窮。如果有許多財物，不信佛法，不肯布施，這種人雖然富有，也是十分貧窮。何以呢？因為這樣的人，一定是自私自利的，是貪鄙不知足的。

《佛遺教經》云：「當知多欲之人，多求利故，苦惱亦多。」知足之人雖臥地上猶為安樂，不知足者雖處天堂亦不稱意，不知足者雖富而貧，不知足者常為五欲所牽。布施財物的固然是財施，布施體力的同樣也是財施，例如背負病苦的人走過崎嶇的道路、高峻的橋樑，在公共舟車上讓座位與老弱婦孺們；此等皆屬於財施，如《楞嚴經》上持地菩薩。若貪惜自己的財物，貪惜自己的體力，不肯布施，可以斷言，這就是他未來世中造成貧窮的主要原因。在佛教徒們雖都熟知布施是六度中第一波羅蜜，但實踐起來每做了貪瞋癡的俘虜，與波羅蜜不相應，主要的原因是對定慧的修持不夠。

施能攝戒，《大莊嚴論》：昔有比丘與諸估客入海，船破時，有少年比丘捉一板，上座比丘不得板將沒水中，語少年比丘言：汝不憶佛門制戒，當敬上座耶？汝所得板應以與我。時年少比丘即便思惟：世尊實有斯語，即便捨板持與上座，於時海神感其精誠，即接少年比丘置於岸上。海神合掌白言：我今歸依堅持戒者，說偈曰：「清淨自謹慎，能不毀禁戒，此亦未為難。未獲於道跡，處於大怖畏，捨己所愛命，護持佛教戒，難為而能為，此為最希有。」

下列有十四種我們常犯的布施非波羅蜜：

⑴布施時，存著不平等的施心。

⑵布施以後，或發覺了受施人不好好地利用施物，或是去做不正當的行為，於

是對於所施的財物，便生悔恨。
(3)輕視受施的人。
(4)選擇不中用的壞東西去布施。
(5)布施以後，想利用別人，希望受施的人報答恩情。
(6)布施以後，歡喜自己誇讚，或希望別人稱揚他。
(7)人家需要他布施的時候，先推說「沒有」，然後再給人家。或當時祇有粗鄙的東西，為怕人譏笑，不肯拿出去布施。
(8)發心布施，先很勇猛，但結果布施得卻很微少。
(9)布施以後，希望加倍奉還，像做生意的人。
(10)當布施的時候，或在布施以後，惡罵那受施的人。
(11)搶劫或剝削別人的財物用來布施。
(12)為了布施，不先供養父母妻子，甚至和家庭爭吵。
(13)當布施時，不替受施者急切需要著想，先為自己打算，以防備布施後，會影響到自己的生活。
(14)布施的時候，是為著怕人家說吝嗇，或是和人家爭光榮。

上列十四種，都不能三輪體空，非檀波羅蜜，雖有福德，祇不過是人天有漏之果。

修習布施的人，應當觀察自己的生命，像露水一樣；觀察財物，像浮雲一樣。因為財物的本身，既然無常，財物所屬的人，也是無我的。這樣一想，何必還要貪惜財物，一定認為永為己有，而不肯布施呢？相信因果，種善因，必得善果。但是真有智慧的人，不是為此。深知人天的福報都是無常，應該本著「不為自己求安樂，但願眾生得離苦」的精神。如過去諸佛菩薩內施外施竭盡施的做去，必得圓滿檀波羅蜜為止。為了下化眾生，我們必須布施；為了上求佛道，我們必須布施。利他即是自利，自他原是一體的。

2.第二者：戒，持戒三品

(1)攝律儀戒，願斷一切惡，即是煩惱無盡誓願斷。斷惑道，則三業清淨，即經中「遠離顛倒夢想」。證斷德，即是清淨法身。

(2)攝善法戒，願修一切善，即是法門無量誓願學。斷業道，則三輪體空，即經中「心無罣礙」。證智德，即是圓滿報身。

(3)饒益有情戒，誓度一切眾生，即是眾生無邊誓願度。斷苦道，則三途永離，即經中「無有恐怖」。證恩德，即是千百億化身。

3.第三者：忍，忍辱三品

(1)耐怨害忍，即生忍，得無量福德。於利他時，任他毀害，至死不以為苦，如忍辱仙人。

(2)安受苦忍，即法忍，得無量智慧。為度眾生，忍受種種飢寒等法，不以為苦。

(3)諦察法忍，即無生法忍，觀諸法實義，堪受大法，即前二忍依處，能生起前二種故。

4.第四者：進，精進三品

《大般若經》云：「須菩提白佛言：世尊，不精進者，信解般若波羅蜜甚難。佛言：如是！如是！世尊，般若波羅蜜甚深，不精進者，信解甚難。佛言：如是！如是！

(1)被甲精進，如將軍入陣，被著鎧甲，直前不退。即直心。

(2)加行精進，又名攝善精進，願修一切善法，即深心。

(3)無怯弱無退轉無喜足精進，又名利生精進，即大悲心。

5.第五者：禪，禪定三品

(1)安住禪，由此靜慮，能安住現法樂中。

(2)引發禪，由此引發，得大神通。

(3)辨事禪，依此作種種利益有情之事。

6.第六者：慧，智慧三品

(1)無分別加行慧，根本智以前的勝方便智。

(2)無分別慧，證得根本真理的智慧。

(3)無分別後得慧，現觀邊所起的世俗智。

三、六度三輪體空

六度

《大莊嚴論》，六度「制數」偈曰：「資生身眷屬，發起初四成，第五惑不染，第六業不倒。」

釋云：波羅蜜數唯有六，為攝自利三事：1.增進、2.不染、3.不倒。初四波羅蜜如其次第能令四事增進：1.資生成就由布施故。2.自身成就由持戒故。3.眷屬成就由於忍辱，行忍辱者多人愛故。4.發起成就由於精進一切事業因此成故。第五禪波羅蜜能令煩惱不染，折伏煩惱由此力故。第六般若波羅蜜，令業不顛倒，一切所作如實知故。

六度三輪體空表

終日修	布施	不計能修之我。所	施	之	人	及所	施	之	物	是為	施	度三輪體空。
	持戒		戒		境		持		戒		戒	
	忍辱		忍		冤		忍		辱		忍	
	精進		進		事		進		法		進	
	禪定		定		境		修		定		禪	
	智慧		知		理事		修		慧		慧	

度之輪轉不息曰輪，各各如夢幻無實曰體空。蓋執三輪為實有，修時即著我法

二執而德小，執三輪為空而不修即無德。故終日修而無「我、法、空」三執，則成稱性之德，直至成佛而亦不盡曰波羅蜜。又前二輪空，多屬人空。第三輪空惟屬法空。不著二空曰空空。有空俱不著，即空有不礙之中道而亦不住。吾人雖未如是修證，不可不如是信解。

四、六度三門

又此六度義有無量，茲略說三門。

1. 六度義相

萬行俱從菩提心流出，合之為菩提心，分之為六度。無顧戀心為布施。無持犯心為持戒。不忤一眾生為忍辱。念念不斷為精進。心不流動為禪定。知萬法空為般若。

2. 六度對治

對治六道出三界輪迴故。立施度對治餓鬼道。立戒度對治地獄道。立忍度對治畜生道。立精進度對治修羅道。立禪度對治人道及六欲天。立般若度對治色無色界天。

3. 六度入理

隨順法性故。法性體無慳貪立施度。法性離五欲立戒度。法性離瞋惱立忍度。法性離懈怠立進度。法性常在定立禪度。法性離無明立般若度。

五、六度開合

此六度法，要以般若為主。經云：五度如盲，般若如導。布施無般若，惟得一世榮，後受餘殃債，猶如仰箭射虛空，力盡還墮。持戒無般若，暫生上欲界，還墮泥犁中。忍辱無般若，報得端正形，不證寂滅忍。精進無般若，徒興生滅功，不趣真常海。禪定無般若，但行色界禪，不入金剛定。萬善無般若，空成有漏因，不契無為果。據《瑜伽》菩薩行有四：1. 六度行、2. 道品行、3. 四攝行、4. 神通行。要之俱以般若為主。

又佛法雖分大乘小乘、一乘三乘，四諦悉已括盡。世間因果為苦、集二諦。出世間因果為滅、道二諦。滅為佛果，道為菩薩行。般若為道諦體，故般若為要行。

以一法攝盡一切法。

問曰：六度不離定慧，若一法攝一切法者，但用慧即足，何須用定？一度即足，何用五度耶？答曰：六度宛轉相承，如被甲入陣，不可不密。「事」六度若無互嚴，尚不名密，況復「理」六度耶？如檀無戒不生善道。無忍感報畢陋。無進形質尪微。無善便成散善。無智不了無常。猶如富人餘事並缺。餘五無五準說可知。論問：何故一度須五度莊嚴耶？答：各各助行有力故也。如人未集，則無戰力，大軍都至，莊嚴器仗則能破陣。菩薩亦爾，六度互嚴方能破惑，疾得菩提。《大智度論》十九釋云：「一念心具足六度及一切法，及六度相攝等並是此意。」

《般若經》云：諸佛薩婆若，皆於般若波羅蜜中生，是故般若般羅蜜為五波羅蜜導。譬如大地，種散其中，因緣和合，即得生長，不依此地，終不得生。阿難：如是五波羅蜜住般若波羅蜜中，而得增長。為般若波羅蜜所護故得向薩婆若。是故阿難，般若波羅蜜為五波羅蜜作導。又云：譬如盲人，雖有百千萬眾，無有導者，不能進趣城邑聚落。憍尸迦，五波羅蜜離般若波羅蜜亦如盲人無導，不能修道至薩婆若。若五波羅蜜為般若波羅蜜所護則為有目，般若波羅蜜力故，五波羅蜜得波羅蜜名。《大智度論》云：以前五波羅蜜植諸功德，以般若波羅蜜除其著心。

參、釋合題

一、釋多字及摩訶

「多」字，或不另解，作助語詞。但確有特義，故當另為解釋。梵文「多」字，表境界義，謂達到彼岸之境界地。或釋為「定」字，因為修行法門，定與慧是同樣重要，無定則不能生智慧。所以行人用功時，當用智慧來觀照，用寂定來攝持。定慧兩輪同時並進，然後可以脫生死而到彼岸。或云：多字是總持義。總者，無不從此法界流。經云：般若波羅蜜出生諸佛菩薩、辟支佛、阿羅漢、阿那含、斯陀含、須陀洹。般若波羅蜜中生十善道、四禪四無量心、四無色定、五神通、內空乃至無法有法空、四念處乃至八聖道。般若波羅蜜中生佛十力、十八不共法、大慈大悲一切種智。持者，無不還歸此法界。以般若能總持世出世間一切諸法，故特加一「多」字。

「摩訶」，此言大。一切世間諸佛第一大，次有菩薩、辟支、聲聞，是四大人皆從般若波羅蜜生，是故名為大。又能與眾生大乘果報，無量無盡，常不變易，所謂菩提涅槃，餘五波羅蜜不能爾。布施等離般若但能與世間果報，是故不得名大。又般若波羅蜜無量無邊故，能受一切善法，如大海能受眾川萬流，故六度中獨尊般若。譬如和合下藥，巴豆再有力。般若波羅蜜亦如是，雖與餘波羅蜜合，而破諸邪見煩惱捨戲論，以是故云摩訶。

以兼有體、相、用三大，故頭上加摩訶。六祖云：自性能含萬法是大，萬法在諸人性中，若見一切人惡之與善盡皆不取、不捨，亦不染著，心如虛空，名之為大，故曰摩訶。

〈照明品〉云：菩薩摩訶薩，般若波羅蜜，勝檀等五度者，譬如生盲人，若百若千而無前導，不能趣道入城。五波羅蜜亦如是，離般若如盲無導，不能趣道，不能得一切種智。若五波羅蜜得般若波羅蜜將導，是五波羅蜜名為有眼。般若波羅蜜將導得波羅蜜名字。若菩薩住般若波羅蜜中，能具足檀波羅蜜、尸羅波羅蜜、羼提波羅蜜、毘梨耶波羅蜜、禪波羅蜜。以是故，般若波羅蜜於五波羅蜜中最上第一，無上無與等，故云摩訶。六祖大師云：摩訶般若波羅蜜，最尊最上最第一，無住無往亦無來，三世諸佛從中出。

二、合釋般若波羅蜜多

又般若是因，波羅蜜多是果，列表以明。

- 般若
  - 因
    - 文字般若——教
    - 觀照般若——行
    - 實相般若——理
  - 果
    - 波羅蜜多——果

佛法要領，不出教、行、理、果。教理即蘊處界諦緣起。果即十力、四無所畏、十八不共法等。知教理而欲得果，非起行不能辦。今當論行。行有萬端，以六度為總，經中自在說法，或說一行，發菩提心是。或說二行，智慧方便是。或說三行，曰戒、定、慧。或說四行，曰四居處（一慧、二戒、三施、四定）。或說五位（布施、持戒、忍辱、精進、止觀）。或說六行，即六度。行門雖多，六度括盡。

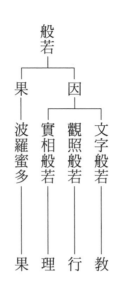

下更依唯識學解釋般若波羅蜜多之境。

問：何者是般若波羅蜜多？答：即是無分別智。但所謂無分別，絕非儱侗模糊之義。乃歛識上見分歸於自性分，且更融入大空中之證自證分。心恆活用不息，而不失其歷歷明明之妙境也。

《攝大乘論》「增上慧學分」，說此無分別智，須離五種相以契自性：

1. 離無作意。無作意之相，如深睡、沉醉、悶絕等，雖類似無分別，實則其心停止活用，暫等死人，正與般若相反，故遠離此相。

2. 離無尋伺地。初禪境界，尚有尋求伺察之心。二禪以上，定境較深，尋伺不行，是名無尋伺地。然充其量不過能護念清淨，不脫識上見分，非能泯見分歸於自性。修般若行者，不得以此境當之。有入定能經多日者不過此等境界。

3. 離滅受想定。即滅盡定。能使前六識，心心所皆滅而不起故。加行時務滅受、想二種心心所，以求得定，故名滅受想定。以遮遣六識為究竟，非能歛六識見分歸於自性分，屬非想非非想天，故行者不得誤認為般若波羅蜜多。

4. 離色法自性。色法屬無情器界，無心無識，對於一切境都無所知，絕異無分別智。行者勿得混視。陳那菩薩嘗以此旨破外道化身頑石者。

5. 離未忘實相。識上一切見分能消歸於自性實相，固近般若波羅蜜多矣，使猶有實相之念存，仍著於有法，未能謂之真實般若波羅蜜多。仰山破一學人云「汝豈不知無一法當情者」，即此旨。

世尊在靈山會上說《大般若經》。舍利弗於佛前問須菩提曰：夢中說六波羅蜜，與覺時說是同是別？須菩提言：此義幽深，吾不能說。此會中有彌勒大士，次補佛處，可往問之。舍利弗問彌勒，彌勒云：「誰為彌勒，誰是彌勒者？」圓悟佛果禪師頌云：夢中說法覺無殊，妙用神通不出渠，誰是誰名總彌勒，祥光起處現心珠。

般若利益

《月燈三昧經》云：佛言，若有菩薩能行般若，有十種利益。一者、一切悉捨不取施想，二者、持戒不缺而不依戒，三者、住於忍力而不住眾生想，四者、行於精進而離身心，五者、修禪定而無所著，六者、魔王波旬不能擾亂，七者、於他言論其心不動，八者、能達生死海底，九者、於諸眾生起增上悲，十者、不樂聲聞、辟支佛道。

《指月錄》卷九云：潭州華林善覺禪師，常持錫杖夜出林間，七步一振錫，一稱觀音名號。夾山問：遠聞和尚念觀音是否？師曰：然。山曰：騎卻頭時如何？師曰：出頭即從汝騎，不出頭騎甚麼？山無對。觀察使裴休訪之問曰：還有侍者否？

師曰：有一兩個，祇是不可見客。裴曰：在甚麼處？師乃喚大空、小空。時二虎自菴後而出，裴覩之驚悸。師語虎曰：有客，且去。二虎哮吼而去。裴問曰：師作何行業感得如斯？師乃良久曰：會麼？曰：不會，師曰：山僧常念觀世音。

三、釋心字

（一）真妄二心，名同實異

般若二字，廣之則包括無量無邊名相義理，八萬四千波羅蜜門。略之為三般若，三般若即是二般若，二般若即是一般若，謂摩訶般若。一般若即是一心，故云般若波羅蜜多心。他經云發大菩提心，此經云摩訶般若波羅蜜多心，名異義同。《華嚴》經疏云：三界唯一心，心外無別法，心佛與眾生，是三無差別。又云：萬法所生，唯心所現。心為萬法根本，萬行俱備，如大樹王，枝葉繁茂，華果叢生，皆從根得。栽者培根以生，伐者去根即死。人知了心修道，省功而易成。

先德云：眾生依業有，業依惑有，惑依識有，識依心有，心是最終究竟處。不明此心、意、識，長在煩惱旋斷旋生，業障旋消旋萌，苦果永遠不除。譬如伐木，去其枝葉，來年又生，有何了期？若斷根蒂，永不再發。是故佛說未知真實法，不名為布施供養者，意在策勵世人，知真實處在吾自心。心為聖凡之主，善惡之源，略分六種：

1.肉團心：指吾人五臟中的心臟而言。主持吾人身上血液循環的機關。從前人人以為它是主持思想的，但是現在的科學家，同我們研究佛學的，都不承認這種說法。科學家以為主持思想的是「腦」，不是心。佛教中則不承認是腦髓，亦不承認是心臟。

2.妄想心：指第六識，散亂昏沉，善惡不定。

3.緣慮心：具有十界。緣十惡上中下品，則墮三惡道。緣十善上中下品，則生三善道。緣偏空寂滅是聲聞。緣因緣性空是緣覺。緣六度齊修是菩薩。緣法界無礙，自他平等，清淨妙明是佛。則此心轉為平等性智矣。

4.集起心：以其能積集許多種子，而生諸現行法，故名集起。即是第八阿賴耶識。法相宗所言萬法唯識，就是指它而言。

5.真實心：就是常住不變的真心，又名自性清淨心，又名如來藏心。是真如本體。這個心不在心臟，不在腦髓，不在中間及內外，無在無不在。《楞嚴》七處徵之不得。《金剛》應無所住而生。二祖覓之不得，《起信論》一心二門。蓋此心是萬化之根本，所以經云：「心生則種種法生，心滅則種種法滅。」世間萬事萬物，山河大地，虛空人物，無一非此真實心所顯現者，晉《華嚴經》第十云：「心如工畫師，畫種種五陰，一切世界中，無法而不造。」所以說「一切唯心造」。要明白這個心，才可以說是「明心」。要洞見這個心的體性，然後才可以說是見性。然後可以渡生死此岸，而到涅槃彼岸。彌勒世尊朝入伽藍，暮成正覺，乃說偈曰：「三界上下法，我說皆是心，離於諸心法，更無有可得。」

6. 積聚精要心：即此經為三藏十二部及六百卷《大般若經》之精要，如人心臟為百體之要。

《八大人覺經》云：「心是惡源，形為罪藪。」此是識心，非真心也。《心地觀經》云：「三界之中以心為主，能觀心者，究竟解脫，不能觀者，究竟沈倫。」唐《華嚴》卷三十七云：「三界所有，唯是一心。」《大般若經》卷五六八云：「於一切法，心為前導，若善知心，悉解眾法，種種世法皆由心造。」《心地觀經》卷八曰：「心如畫師，能畫世間種種色故。心如僮僕，為諸煩惱所策役故。……心如國王，起種種事得自在故。心如怨家，能令自身受大苦故。」《大涅槃經》云：「能觀心性，名為上定。」古德云：「若不觀心，法無來處。」蓋佛法都在清淨心上，返觀內照，始能引出佛性。《華嚴經》云：「初發心時，即成正覺。」謂自心是佛，見自己真佛，即成正覺也。

古德云：「慕道真士，自觀己心，知佛即心，莫向外尋。」剖一微塵出大千經卷，三寶皆從自心中流出。此心以有覺性故，謂之佛性。為萬法之本故，謂之法身。永不變易，謂之真如。性非虛妄，謂之實相。無所不知，謂之菩提。寂靜不動，謂之涅槃。萬法之性，謂之法性。凡此種種名稱，皆是吾人真心之異名，人人本有，個個圓成，成佛作祖，是此一心。

（二）舉世教與佛教之差別

《起信論》，一心開二門：1.心真如門。2.心生滅門。即真、妄二心也。真心曰性，妄心曰識。吾人學佛當明真心，窮理以盡性也。窮理盡性，語出《周易》〈繫辭〉。彼曰：「窮理盡性，以至於命。」然佛教借文不借意。彼註云：「理謂理數，性謂性能。命者生之極，窮理則盡其能。若窮其理數，盡其性能，則順性命之道。」又以天賦為命，天命之謂性，率性之謂道。今則不然，理謂道理、真理，性謂法性、心性，不取天賦，故不言命。

《起信論》云：「心真如者，即是一法界大總相法門體。」謂真如一法，橫對諸事曰理廣，豎貫一法曰性深。然在無情曰法性，在有情曰心性、亦曰佛性、亦名本覺、亦曰如來藏，即顯性教中所說真性是也。謂色心等法，從緣而生，無實自性，全是真如隨緣所成，故萬法皆以真如為本源體。《圓覺疏》〈序〉云：「萬法虛偽，緣會而生；生法本無，一切唯識；識如幻夢，但是一心；心寂而知，目之圓覺。」圓覺即般若，名異體同。

《文殊問經》云：「心者聚義，意者憶義，識者現知義。」《俱舍論》云：「集起名心，籌量名意，了別名識。」《密嚴經》云：「藏是心，執我名意，取諸境界為識。」皆小異而大同也。永嘉云：「損法財、滅功德，莫不由茲心意識。」蓋逐妄成凡，回真即聖，在吾人善用之耳。佛言「心者，制之一處無事不辦」，但非告子之不動心。告子強制其心而不動，念起即遏，遏捺令靜，是灰其心而不起。佛是制之使歸於一處，不雜用心，是用心不二。彼是豁達空，與般若無關；此是思惟修，即是般若心。彼之強制，衹辦得一味頑定；此是一處功成，百千三昧靡不具足。故曰無事不辦。兩不同途未可並論。

或言「本來無一物，何處惹塵埃」，全是空寂境界，何異於告子不動心耶？答曰：告子遏捺其心使之不動。曹溪無心可動，不須遏捺，烏云同耶？鵝湖（在江西鉛山縣）大義禪師曰：「若人靜坐不用功，何年及第悟心空。直須提起吹毛劍，要剖西來第一義。若還默默恣如愚，知君未解做工夫。剔起眼睛豎起眉，反覆看渠渠是誰。」故參禪重在疑情，疑情一起，即有工夫用。《楞嚴》講的方法，當在此中，精研妙明，內外研究，研究深遠，研究精極。因緣時至，一旦桶底脫落，人法俱空，此即是般若波羅蜜多心，非他教所能測其境界。

《華嚴疏》云：「心有也曠劫而滯凡夫，心無也剎那而登正覺。」《寶藏論》云：離者無身，微者無心；無身故大身，無心故大心；大心故，即周萬物；大身故，應備無窮。是以執身為身者，則失其大應；執心為心者，則失其大智。若執有身者即有身礙，身礙故即法身隱於形殼之中；若執有心者則有心礙，心礙故，即真智隱於念慮之中。故大道不通，妙理沉隱，六神內亂，六境外緣，晝夜惶惶，無有止息矣。故經云：「佛說非身是名大身。」身大即是法身，心大即是真如。真如與法身皆般若之異名，了得真如法身，即是般若波羅蜜多心也。偈曰：汝等觀是心，念念常生滅；如幻無所有，而能得大報。

心之作用，無量無邊，類而別之，可得三種：1.為絕對之善。2.為絕對之惡。3.為不善不惡。孟子唯見人心有可為善之作用，故稱性善。荀子唯見人心有可為惡之作用，故說性惡。是皆未明人心之全體大用。惟王陽明所謂「無善無惡心之體，有善有惡性之用」者，庶乎近之，惜未能闡發無遺。今為彼引申其義曰：心者，能儲藏諸法之種子，能起諸法之現行。一切法種，性雖各別，一入心藏，即變同心體，無善無惡。

性者，種子義，心緣善境，則引生善性。心緣惡境，則引生惡性。善惡之作用未起時，則名未發。善惡之作用既起時，則名已發。未發名為種子，已發名為現行。《禮記》〈樂記〉云：「人生而靜，天之性也。感於物而動，性之欲也。」蓋人心本無善惡，善惡之起，悉由物感。物自外入，念自內發，發念即有善惡。靜與動對，靜即無念之時，動即有念之初。陽明之說，即本於此。製圖以明之。

人心靜象 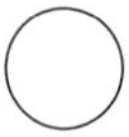：無念——無善無惡。

感物而動 ：有念——有善有惡。

人之一身，皆無知覺。然而有知覺動作之能者，蓋心所使也，故身無善惡，而心則有善惡。心念善，則身亦從之而為善。心念惡，則身亦隨之而為惡。是故欲修其身者，必先正其心也。苦海無邊，回頭是岸，狂心頓歇，淨土非遙。善用浮囊，原不必穢軀是惡。無間獄種，可轉為成佛始基。

昔有一神通聖人，在無漏空中，見有二屍，一為餓鬼所鞭，一受天人散華。察其以何因緣，致有斯異。則一屍為餓鬼之前身，以造惡業故，乃墮餓鬼，仇而鞭之也。一屍為天人前身，以造善業故，乃得生天，德之而散華供養也。夫死屍未嘗異，而天人餓鬼以判。可見死屍非能為善惡業，而業分善惡者，在吾人終日拖此死屍者，用之何如耳。苟能以之修五戒十善，則人天之身可不失也。苟能以之修三十七道品，則涅槃可證，淨土可生也。苟能以之觀佛念佛，迴向西方，則極樂世界，可親近彌陀，永不退墮也。

又寧獨生天而已哉？故善法非定善？惡法非定惡，智達乎微，治歸乎治也。不悟塵境是空者，斯為眾生。了悟心源本淨者，即同諸佛。眾生與諸佛異者，即在此一念心，覺與不覺之間分別耳。一切唯心造，吾人豈可自棄哉。

世教所談至大者，不過天地而已，而人畜萬物皆在天地之中，故其所論不出天地之外。《莊子》云：「六合之外，聖人存而不論。」則知天地之外，孔老非實不知，但以世人智淺未足與議。《論語》云：「夫子之言性與天道，不可得而聞也。」况象外乎？

心有體用，實相是體，觀照是用。以用歸體，即名到彼岸，即是波羅蜜多心。故《起信論》云：「自心起信，還信自心。」《華嚴》云：「我觀一切眾生俱有如來智慧德相，但以妄想執著而不證得。」以要言之，但有纖情未盡便隔彼岸，凡聖情忘即到彼岸，無別以為到也。

又心者，直指法體，上云彼岸，原非他物，即一切群生本有真空心體是也。諸般若中廣說空義；而不云空即是心者，乃如來之密意，惟此經直下指出，分明顯露更無覆藏，謂之智慧所到彼岸，非是別法，即是當人本有真空心體也。祖師云：「一切由心，邪正在己，不思一物，即是本心，智者能知，更無別行。」所以本師云：「此事唯我能知。」

般若以神鑑為體，因也。波羅蜜多以運到為用，果也。體用因果皆不離一心，故曰般若波羅蜜多心。

四、釋經字

經，即教也。是佛所演之教。即文字般若，能詮如上智慧到彼岸真空心體之義，謂之經。儒云：經是「天經地義萬古不變」的常道。或云：經是經緯線的「經線」。蓋聖人之言能直貫一切的道理，故其書籍名之曰經。又云經者徑也，是吾人由凡至聖的一條路徑。具足「貫、攝、常、法」四義：「貫」是貫穿，結鬘之意。佛的說法很有條理、很有層次，有條不紊。「攝」是攝受，湧泉之意，法味無窮，能攝受人心，令人讀到之後欲罷不能。「常」，所講的理論、方法永遠不變，超越時空。「法」是法則、規矩，依照此方法修行決定成功。如常解之，不贅。

五、合釋

總經題列對釋之可分三對：

1. 教義一對：般若心是所詮之義，經是能詮之教，依義立名。

2. 就所詮義中分法喻一對：般若等是所詮之法，心之一字是所引之喻。即般若內統要衷之妙義，況人心藏為主要統極之本。

3.就前法中分體用一對：謂般若是體，即神悟玄奧妙證真源。般羅蜜多是用。即由斯妙慧，翻生死過盡，至真空之際。揀不到彼岸之慧，故以為名。

一真法界者，即一切法究竟之義也。非可言詮，乃至思慮不可達，即佛所謂「令入無餘涅槃而滅度之」者是也。雖涅槃無餘，然具三法焉。三法者何？曰真如、曰如來藏、曰法界者是也。

真如者，謂性畢竟如如，不生不滅，亙古亙今，常恆不變是也。

如來藏者，謂能統攝一切法，即種子現行所依止也。

法界性者，指法界物物各具之體性也。

一真法界	真如性	不生不滅	（理無礙）
一真法界	如來藏性	種子現行所依止	（理事無礙）
一真法界	法界性	人我諸法自性	（事無礙）

此之三者，雖攝於一真法界，然亦可依是三者而表一真法界也。蓋性雖三，而體各自如如，相與無礙。是故有真如性，可證究竟之一真法界。有如來藏性，可詮

一切法歸一真法界。有法界性，可明各物本有之一真法界。法界即一真，如是而無礙。（就真諦言）一真即法界，如是而有善惡等法。（就俗諦言）

復從而判之，善惡可屬於法界之一類，亦如來藏所具之種子也。以其善惡之現行而熏其種子，於是法得成矣。

肆、譯經人

一、唐三藏法師玄奘

法師姓陳氏，本名禕，十三歲隨兄長捷出家於洛陽淨土寺。唐太宗貞觀三年八月，出國西行，歷百二十八國，留學中印度摩竭陀國之那爛陀寺，受業於戒賢論師、勝軍居士。歷治婆沙、俱舍、顯揚、順理、對法、因明、唯識諸論，歷十七年。貞觀十九年正月二十四日歸長安，大受歡迎。在傳記中，有這樣的記載：「迎師於途，拜竭成群，列眾二十餘里，阻不能進，終留別館。帝幸洛陽，賜謁洛陽宮，使四民休業五日，實終古所未有。」以所獲梵典六百五十七部上於朝。二月六日太宗使於弘福寺傳譯。而此經乃在貞觀二十二年五月二十四日，在終南山翠微宮翻經院譯成者。法師示寂於麟德元年二月五日，世壽六十五歲。譯經凡十九年，成七十五部，一千三百三十五卷。

二、《心經》譯本

本經從大部般若流出，在中國曾翻譯過十二次。八存四缺。

1.晉朝末年姚秦時，鳩摩羅什譯，名《摩訶般若波羅蜜大明咒經》。

2.唐貞觀二十二年玄奘法師所譯，即今本是。

3.唐義淨法師譯，名《佛說般若波羅蜜多心經》。

4.唐般若共利言法師譯，名與今同。

5.唐法月法師譯，名《普遍智藏般若波羅蜜多心經》。

6.唐智慧輪法師譯，名與今同。

7.宋施護譯，名《佛說聖母般若波羅蜜多經》。

8.法成法師所譯，名與今本同。但年代不明，是敦煌出土本。蓋法成之名，古來有數人，究竟是數人中那一位，不能確實指定。

其次把缺本也列之於次，以作參考。

1.吳黃武二年月支國支謙所譯，名《摩訶般若波羅蜜咒經》。

2.唐長壽二年南印度菩提流支譯，名《般若波羅蜜多那經》。

3.唐久視二年于闐國實叉難陀譯，名《摩訶般若隨心經》。
4.唐開元十一年南天竺不空三藏譯梵本《般若波羅蜜多心經》。

三、經典的形式

大概都有序、正、流通三分，序分由如是我聞為出發，繼之將說教的場所及情形，聽眾的多寡都記載一番。其次由誰發問，世尊作答，一向稱之為序文。答辯的內容及說教的要旨，稱之為正宗分。再其次在說教的本旨完了時，說受持的效能，使聽眾們深生信仰，作長期的服膺。這時有帝釋或什麼人，見世尊如此慈悲，出來發誓護持，這是流通分。如《法華經》、《彌陀經》及一切高深經典都是這樣。然而被稱為極古的《阿含經》之《法句經》，僅僅是集錄的要旨，卻沒有這樣的形式。可知立序、正、流通三分的形式比較是後來新創的了。

四、新舊譯的不同

打開《心經》的本文看起來，羅什、玄奘、義淨三師的譯本中，無序跋，僅是中間的要旨而已，法月以後比較新的譯本中，如是我聞的形式，就很完整了。然就現今通行奘師所譯的看起來，序跋的有無，皆不能變更其本旨。因為序跋完全是體裁問題，所以短篇的《心經》比較後來的譯本，質樸簡達，更受人歡迎。

八種翻譯之中，最有名的就是羅什所譯的，稱為舊譯家。玄奘譯的稱為新譯家。此二師皆各譯有數百卷經典之多。

第二篇 釋經文

《般若心經》經文

觀自在菩薩，行深般若波羅蜜多時，照見五蘊皆空，度一切苦厄。舍利子！色不異空，空不異色；色即是空，空即是色；受、想、行、識，亦復如是。舍利子！是諸法空相，不生不滅，不垢不淨，不增不減。是故空中無色，無受、想、行、識。無眼、耳、鼻、舌、身、意；無色、聲、香、味、觸、法；無眼界，乃至無意識界。無無明，亦無無明盡；乃至無老死，亦無老死盡。無苦、集、滅、道。無智亦無得。以無所得故，菩提薩埵，依般若波羅蜜多故，心無罣礙；無罣礙故，無有恐怖，遠離顛倒夢想，究竟涅槃。三世諸佛，依般若波羅蜜多故，得阿耨多羅三藐三菩提。故知般若波羅蜜多，是大神咒，是大明咒，是無上咒，是無等等咒；能除一切苦，真實不虛。故說般若波羅蜜多咒，即說咒曰：揭諦！揭諦！波羅揭諦！波羅僧揭諦！菩提薩婆訶。

（《大正藏》第八冊八四八頁下）

《心經》分科

《心經》的組織與分科，在古來註釋家中，雖有種種不同，但根據弘法大師《心經祕鍵》五分，繁簡得宜，分科正確。現再加以靈源個人的看法，而成如下的分科：

《摩訶般若波羅蜜多心經》組織

【第一段】序論（序分）＝人法總通分

- 人法總通分
  - 人格
    - 說主／行者：觀自在菩薩
  - 教法
    - 因
      - 修行：行深般若波羅蜜多時
    - 果
      - 功德
        - 自利：照見五蘊皆空
        - 他利：度一切苦厄

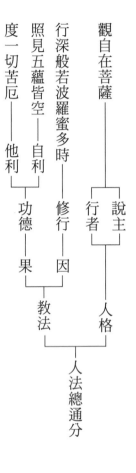

【第二段】本論（正宗分）

〔第一項〕哲學的理論門＝分別諸乘分

一、人間觀＝正報論

- 人格
  - 聽者
    - 舍利子
- 教法
  - 肉體觀＝廣說
    - 非有非空中道＝現象觀
      - 色不異空——因緣滅故空
      - 空不異色——因緣生故有
    - 空假即中道＝本體觀
      - 色即是空——即　空
      - 空即是色——即　假
  - 精神觀＝略述
    - 受想行識亦復如是

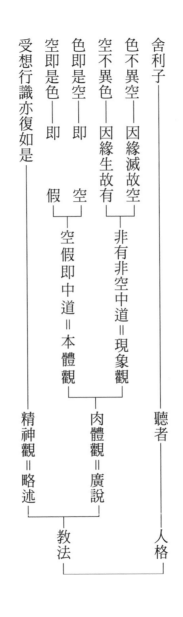

二、世界觀＝依報論

- 人格
  - 聽者 —— 舍利子
- 教法
  - 諸法空觀＝總論
    - 體 —— 是諸法空相
    - 義 —— 不生不滅不垢不淨不增不減
  - 三科空觀＝各論
    - 五蘊（身心）空觀 —— 是故空中無色無受想行識
    - 十二處空觀
      - 六根（主觀的感官）—— 無眼耳鼻舌身意
      - 六境（客觀的對境）—— 無色聲香味觸法
    - 十八界空觀 —— 無眼界乃至無意識界
      - （主觀）
        - 六根
        - 六識
      - （客觀）
        - 六境

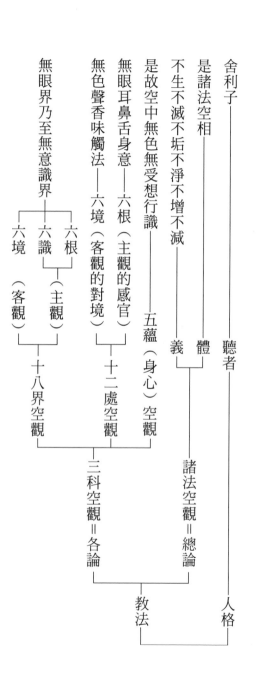

三、人生觀

- 無無明、乃至無老死 —— 流轉（凡夫迷界）觀
- 亦無無明盡、亦無老死盡 —— 還滅（聖者悟界）觀
  - 以上二觀 —— 緣覺十二因緣空觀
- 無苦集 —— 流轉（現實世界）觀
- 滅道 —— 還滅（理想世界）觀
  - 以上二觀 —— 聲聞四諦空觀
- 無智 —— 修 —— 道
- 亦無得 —— 證 —— 果
  - 以上道、果 —— 菩薩六度空觀

緣覺十二因緣空觀、聲聞四諦空觀、菩薩六度空觀 —— 三乘教法

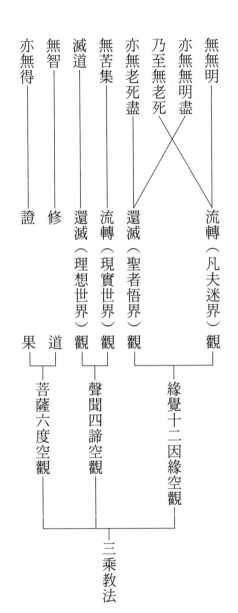

〔第二項〕宗教的實踐門＝行人得益分

一、修養法

- 菩薩道
  - 因位
    - 人格
      - 行者 —— 菩提薩埵
    - 教法
      - 原因
        - 修行 —— 依般若波羅蜜多故（以無所得故）
      - 結果
        - 證悟
          - 心無罣礙無罣礙故
          - 無有恐怖遠離一切
          - 顛倒夢想究竟涅槃

二、理想境

- 佛道
  - 果位
    - 人格
      - 佛陀 —— 三世諸佛
    - 教法
      - 佛行 —— 依波若波羅蜜多故
      - 佛果 —— 得阿耨多羅三藐三菩提

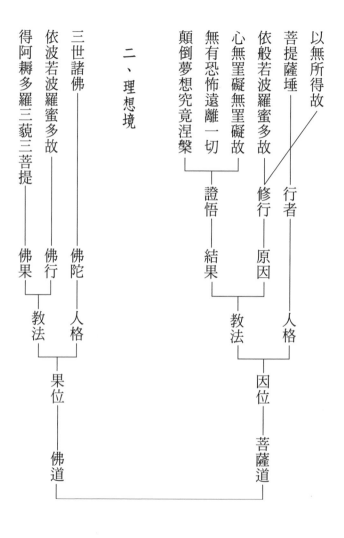

【第三段】結論（流通分）

〔第一項〕禮讚般若＝總歸持明分

故知般若波羅蜜多——般若
是大神咒是大明咒
是無上咒是無等等咒——禮讚
能除一切苦真實不虛——功德

般若、功德——所禮
禮讚——能禮

所禮、能禮——禮讚般若

〔第二項〕護持般若＝密藏真言分

故說波若波羅蜜多咒即說咒曰——咒曰
揭諦揭諦波羅揭諦
波羅僧揭諦菩提薩婆訶——真言

咒曰、真言——護持般若

據此分科，而知其組織井然，同時知道一切佛經的組織，是最理想的，所以更感覺得《心經》為一切經典的代表者，為《大品般若》的心髓結晶。

壹、略標綱要（人法總通分）

觀自在菩薩，行深般若波羅蜜多時，照見五蘊皆空，度一切苦厄。

一、行者「觀自在菩薩」（能觀人）

按施護譯本，世尊在靈鷲山中，入甚深光明（《大般若經》凡四處十六會，計有九會放光，見是光者，皆得阿耨多羅三藐三菩提，是光即慧光也），宣說正法三摩地。舍利子白觀自在菩薩言：「若有人欲修學甚深般若法門者，當云何修學？」而觀自在菩薩遂說此經。所以此經二百六十個字，就是觀自在菩薩所說，而經佛所印可者，故菩薩說即是佛說。

（一）觀自在

「觀」字即是觀照的工夫，略有四種：1.析空觀，滅色入空觀也。2.體空觀，即色是空觀也。3.次第觀，從析觀乃至圓觀也。4.圓融觀，即析空觀是實相，體空觀亦是實相，次第觀亦實相也。（見《法華文句》）今揀前三，惟論圓融觀。

「自在」者，一切無礙義。自利利他，圓滿諸佛廣大菩提，神通妙用，自在無礙也。有十：

1.命自在。謂菩薩得長壽命，經無量阿僧祇劫，住持世間，無有障礙也。

2.心自在。謂菩薩調伏自心，能入無量諸大三昧，遊戲神通，無有障礙也。

3.資具自在。謂菩薩能以無量珍寶，種種資具，嚴飾一切世界清淨，無障無礙也。

4.業自在。謂菩薩能隨諸業，應時示現，受諸果報，無障無礙也。

5.受生自在。謂菩薩隨其心念，能於諸世界中，示現受生，無障無礙也。

6.解自在。謂菩薩勝解成就，能現種種色身，演說妙法，無障無礙也。

7.願自在。謂菩薩隨所願欲，於諸剎中，應時出現，成等正覺，無障無礙也。

8.神力自在。謂菩薩神通廣大，威力無量，於世界中，示現變化，無障無礙也。

9.法自在。謂菩薩得大辯才，於諸法中，廣能演說無邊法門，無障無礙也。

10.智自在。謂菩薩具足智慧，於一念中能現如來十力、四無所畏，無所障礙也。

前之「謂菩薩」三字十種皆有，登地以上諸大士通有此德。

菩薩觀事：幻有非有，即是真空，故於事無礙而得自在。菩薩觀理：真空不空，即是幻有，故於理無礙而得自在。理事俱無礙，即是理事無礙法界觀。人我是非皆不可得，事事俱無礙，即是事事無礙法界觀。

又觀理者，即是觀理性方面；會相歸性，攝用歸體，即是返妄歸真。《華嚴經》云：「應觀法界性，一切唯心造。」觀事者，即是觀事相方面，即天台從空入假觀，依體起用，回真向俗，廣度眾生，故號觀世音。觀自在者，六祖云：「真如自性起念，六根雖有見聞覺知，不染萬境，而真性常自在。」

又「觀」，謂能觀之智，靈明不昧，寂而常照，即經中「照」字。「自在」謂所觀之境，見理斷惑，即經中蘊空而度苦厄。觀即觀照般若，自在即實相般若。亙古不變，始終如如，湛然清淨。即智即境，隨緣不變；即境即智，不變隨緣；故謂之觀自在。列表以明：

觀			
觀智分二	一、自行	1. 觀理	(1)觀穿見思、塵沙、無明之惑。 (2)觀達二諦、三諦之理。
		2. 觀事	住行向地等妙，六度萬行等事。
		觀達理事無礙之境故曰觀自在。	
	二、化他	觀機——十四無畏，十九說法，三十二應，尋聲救苦，故曰觀世音。	

「觀」字是用功最要緊關鍵，律、教、禪、密、淨，皆離不開這一個觀字。觀行得力，而三障三道自破，戒定慧聞思修都在其中。智斷二果，法報化三身皆由觀而證。徹果該因，在這一觀字而已。

復次，觀是觀照般若，即般若德。自在是實相般若，即法身德。世音是方便般若，即解脫德。三德三身皆在其中，故菩薩之身，即佛之身也。下手處若不在觀上用功，而去普照諸法，則是知解我，非真空我，惟能觀才是行深般若，才是菩提薩埵，才證阿耨多羅三藐三菩提。略稱觀音者，唐時以同帝號李世民之世字，故諱，單稱觀音菩薩。

「自」者我也，自有生以來，迷此真我，今則五蘊皆空，觀此我在這裡，故曰觀自在。在者，不生不滅，不垢不淨，不增不減，常住真我，無在無不在，四相之所不遷，三際之所不易，惟在吾人能觀耳。能觀即處處留神，不讓其稍有走作，一旦豁然，照破黑漆桶，則吾人亦即觀自在也。裴休觀祖像而悟真我，自在也。金碧峰愛一缽而為鬼纏，不自在也。鬼子母愛一子而受佛戒，毘舍佉見三十二子頭而心坦然，空與不空，相差遠矣。

「自」者，凡聖通論，我有六種：

1. 執著我：謂分別俱生，在於凡位。
2. 慢我：謂但俱生，在有學位。
3. 習氣我：謂二我餘習，在無學位。
4. 隨世流布我：謂佛菩薩隨世假稱。
5. 自在我：謂八自在等（見《涅槃》卷二十三）如來後得智為性。
6. 真我：謂真如常樂我淨等，以真如為性。

「自在」者，《涅槃經》第二十三云：菩薩有八種大自在我。

1. 能示一身為多身大自在我：一即多。

2.能示一塵身滿大千界大自在我：小即大。
3.大身輕舉遠到大自在我：報身應機。
4.觀無量類常居一土大自在我：化身救苦。
5.諸根互用大自在我：斷見思，破煩惱障所顯。
6.得一切法如無法想大自在我：斷無明，破所知障所顯。
7.說一偈義經無量劫大自在我：後得智所顯。
8.身遍諸處猶如虛空大自在我：根本智所顯即法身體。

（二）菩薩

「菩薩」，就是菩提薩埵之略。菩提云覺、薩埵云有情，即是覺有情。就是有覺悟的人，即孟子先知先覺之意。又薩埵是勇猛之意，勇猛求菩提，所以名曰菩提薩埵。如果能上求菩提，下化眾生，擔荷度己度人的大責任，就可以叫作菩薩，再進一步便是佛果。故發菩提心，是成佛的正因。

菩薩住世專為自利利他，對機立名，此經照見五蘊皆空，重於自利，故名觀自在。若〈普門品〉，現三十二應重於利他，故名觀世音。約自他兩利，則名觀世音自在菩薩。此菩薩在釋迦以前，早成佛道。《觀音三昧經》云：「觀世音菩薩在我（釋迦）前成佛，名正法明如來，我為苦行弟子。」蓋一佛出世，千佛護持，為大悲濟度眾生起見，來現菩薩之身，做釋迦佛的弟子，並且要於未來在極樂世界繼彌陀成佛，號遍一切光明功德山王如來。他的化身最多，諸經中所稱觀音，《諸尊真言句義抄》中，有十五觀音。〈圖畫普門品〉有三十三觀音。

《摩訶止觀》，有六觀音。六觀音者，以能破六道三障故：

1. 大悲觀音：破地獄道三障，此道苦重，宜用大悲。
2. 大慈觀音：破餓鬼道三障，此道飢渴，宜用大慈。
3. 師子無畏觀音：破畜生道三障，獸王威猛，宜用無畏。
4. 大光普照觀音：破阿修羅道三障，其道猜忌嫉疑，宜用普照。
5. 天人丈夫觀音：破人道三障。人道有事有理，事伏憍慢稱天人，理則見佛性稱丈夫。
6. 大梵深遠觀音：破天道三障，梵是天王，標主得臣。

破人道三障而云天人者，以人道中有事理故，加之以天，方服於人。丈夫者，人長一丈，故曰丈夫，指人中最勝者。夫者扶也，以道扶接故，以理扶之方名丈夫。見佛性理方名丈夫。《涅槃》曰：「見佛性者，雖是女人亦名男子。」男子即丈夫也。據此則天道亦應有第一義天。

此菩薩對於世界上一切事理，都能通達，神通無礙，觀達自在，故名觀自在。若觀有不住於有，觀空不住於空，聞名不惑於名，見相不沒於相。心不能動，境不能遷，動不亂其真，可謂無礙智慧也。又觀機往救，自在無礙，故以為名，即無礙大悲也。即悲智雙運之大菩薩。

《大寶積經》卷二十六云，登地諸大士通有以下此德：

1. 菩薩得於自在者，隨所生處非不知故，生以知故生，而是菩薩攝取生死得自在故。亦得具足成就佛法，而是菩薩非生死流轉，以願力故，在在處處生得自在智，是名菩薩得自在智。
2. 菩薩非以得邊際故名自在智，不斷絕一切善根是名菩薩得自在智。
3. 菩薩非得諸善根故名自在智，於諸善根無厭足故名自在智。
4. 菩薩非不生三界得名自在，為化眾生故生三界名為自在。
5. 菩薩非以離自結故得名自在，為諸眾生斷結使故勤修精進，是名菩薩得自在智。

6. 菩薩不以為己身故得名自在，為於寂靜一切眾生諸苦惱故名為自在。
7. 菩薩非以捨眾生故得名自在，攝取教化眾生故名為自在。
8. 菩薩非斷自貪瞋癡得名自在，斷諸眾生貪欲瞋癡諸結使故名為自在。
9. 菩薩非自證滅法故得名自在，為諸眾生證滅法故得名自在。
10. 菩薩非自斷漏故得名自在，為諸善根增長不斷漏法名得自在。
11. 菩薩非證三解脫故名得自在，菩薩解了三解脫故名為自在。
12. 菩薩非自在寂滅五陰名得自在，為捨一切眾生重擔故名為自在。
13. 菩薩非以滅六根故名得自在，知諸眾生上中下根故名得自在。
14. 菩薩非以生分盡故名得自在，以不斷絕生故名為自在。
15. 菩薩非得過於聲聞緣覺解脫名得自在，菩薩道場得解脫果，受用一切諸眾生故名為自在。演說如是自在品時，於是眾中三萬二千諸天子等皆發無上正真道心。

又號「觀世音」者，此菩薩以大悲為體，救苦為用。以能觀之智，觀三世間（智正覺、器、有情）音聲，反聞自性，縛脫根塵為自利。尋聲救苦為利他。化身三十二應度十法界眾生。（佛非眾生但三乘之佛，亦算眾生）由菩薩廣作佛事，無塵不現，無類不遍，無門不入，故又曰普門大士。千眼表鑒矚之智，千手表提拔之悲。十方國土無刹而不現其身，九界眾生無類而不顯其應。既稱觀自在，又名觀世音者，「因」中名自行，「果」上是化他，自覺覺他，是謂之菩薩。

《楞嚴》：菩薩從聞思修入三摩地。《大悲經》：菩薩聞咒即超八地。斯皆從耳根悟無生忍，名觀世音。從體起用，故云觀其音聲，即得解脫。六根互用故現千手眼照護群生。今經從眼根證入，故云照見五蘊皆空，度一切苦厄，名觀自在。聞思修是因，即戒定慧三學，能斷三障三道，證三德三身。

（三）大慈大悲

《大智度論》：稱「大慈大悲」者，大慈與一切眾生樂，大悲拔一切眾生苦。大慈以喜樂因緣與眾生，大悲以離苦因緣與眾生。譬如有人，諸子繫在牢獄，當受大辟（殺身），其父慈惻以若干方便，令得免苦，是大悲。得離苦已，以五所欲給與諸子是大慈。

問：大慈大悲如是，何等是小慈小悲？答：凡夫二乘慈悲為小，諸佛菩薩慈悲為大。小慈但心念與眾生樂，實無樂事。小悲名觀眾生種種身心等苦，憐憫而已，不能令脫。大慈者，念念令眾生得樂，亦與樂事。大悲愍眾生苦，亦能令脫苦。又大慈遍滿十方三世眾生乃至昆蟲，心不捨離。菩薩於無量阿僧祇劫在生死中心不厭沒，久應得涅槃而不取證，已成佛道而仍為菩薩。又大字之名非菩薩自稱，乃眾生名之。譬如師子大力，不自言力大，皆是眾獸名之。眾生得菩薩之利益，或聞或見或受，而名此菩薩為大慈大悲。

慈有三：

1. 眾生緣慈，對凡夫：眾生緣慈者，非但愛念眾生，非但好樂眾生，非但愛一方眾生，普十方五道眾生中以一等心視之，如父母兄弟姊妹子姪，皆令利益安穩。多在有學人未漏盡者行。

2. 法緣慈，對二乘：法緣慈者，三乘聖人，已破吾我相，滅一異相故，但觀從因緣相續生諸欲，心慈念眾生時，從和合因緣相續生。以慈念眾生不知是法空，聖人愍之，令隨意得樂，為世俗法，故名法緣。

3. 無緣大慈，對佛菩薩：無緣大慈，唯諸佛菩薩有。何以故？佛菩薩心不住有為、無為，性中不依止過去世、未來現在世。知諸緣不實，顛倒虛誑故，心無所緣。以眾生不知諸法實相，往來五道，心著諸法，分別取捨，以是諸法實相智慧令眾生得之，是名無緣。

悲心亦如是，以憐憫心，遍觀十方眾生苦，作是念，眾生可憫，莫令受是種種苦，無瞋無恨無怨無惱心，乃至十方亦如是。

《觀無量壽經》云：此菩薩身長八十萬億那由他由旬。身紫金色，頂有肉髻，項有圓光，光中有五百化佛，一一化佛有五百化菩薩無量諸天以為侍者。頂上毘楞伽摩尼寶以為天冠，其天冠中有一立化佛，高二十五由旬。眉間毫相備七寶色，流出八萬四千種光明，一一光明有無量無數化佛，一一化佛有無量無數化菩薩以為侍者，變現自在。《般舟讚》曰：天冠化佛高千里，念報慈恩常頂戴。

《悲華經》云：散提嵐界，善持劫中，人壽八萬歲時，有佛號曰寶藏，轉輪聖王名無量淨，主四天下。時王太子，第一太子名曰不眴，三月供養寶藏如來及比丘僧，佛即授記曰：汝觀人天及三惡道一切眾生，生大悲心，欲斷眾生諸苦惱故，欲眾生住安樂故，今當字汝為觀世音。無量壽佛涅槃已，彼土轉名一切珍寶所成就世界，所有莊嚴，無量無邊，安樂世界所不及也。汝於一念頃成等正覺，號遍一切光明功德山王如來。其第二太子尼摩，亦發大勢之願為大勢至菩薩，授記為善住珍寶山王如來。

二、修行「行深般若波羅蜜多時」（所行行）

（一）行深般若

即所修之法。「行」，經歷義、修行義。以無漏淨慧歷觀諸法，因地所修清淨法行也。有差別行，有圓融行。差別行者遍依信住行向地等妙二覺，次第修習，屬於事相的方面。圓融行者，於諸位中隨修一行，即具足一切諸行，所謂初發心便成正覺，一位即一切位，頓成諸行，屬於理性方面。《楞嚴》云：「理則頓悟，乘悟併銷，事非頓除，因次第盡。」

聞	即	信成就發心	所謂三心圓發	以三慧發三心，超越五十二位菩提路，一代時教盡於是矣。
思		解行發心		
修		證發心		

又行者，如說而行，非如凡夫但說而不行。菩薩那伽大定，無有不定時，以方

便言，有行深時，有行淺時。

「深」者，以是不共般若，超出三乘。亦即實相般若，真如實相，離陰界入生死煩惱等相，故下言皆空，上言自在。非初心淺智者及聲聞緣覺所觀之境，故言深。疏云，般若妙行有二種：

1.淺，即人空般若（破除我執，但見於空，不見不空，為三乘所同修）。

2.深，即法空般若（既破我執，又破法執，不但見空，又見不空，盡破三惑，永斷二死，證入諸法第一義空，為菩薩所獨修，非權教三乘所共故，亦名不共般若）。

淺	三乘共修，人空般若，轉五蘊成五分法身。	色	無作戒為戒法身	前三約因，道諦修成。
		受	無漏淨禪為定法身	
		想	無漏盡智為慧法身	
		行	有為無為二種解脫為解脫法身	後二約果，滅諦證得。
		識	盡智無生智，知諸解脫相為解脫知見法身	
深	大乘菩薩，修法空般若，轉五蘊成三德摩訶般涅槃那，此云大滅度。	色	成法身德	大——真如之理。
		受	成解脫德	滅——自在之用。
		想		
		行		
		識	成般若德	度——會真之智。

「般若」即智慧，通達諸法之智，及斷惑證理之慧，又稱妙智妙慧。佛菩薩依

般若證此真心，眾生依無明迷此真心。佛菩薩之智慧不假思議、不假分別，若思議分別即眾生心也。智有始覺智、本覺智。眾生雖具本覺，無始覺故，本覺全迷。二乘雖有始覺，本覺猶昧。菩薩二覺相照正歷歷時。如來則始本合一，圓照而寂，寂而圓照。今大士功行既深，二智皎然，轉生死為涅槃，轉煩惱為菩提。涅槃是理，菩提是智，理智泯融，則何處而非彼岸耶？故曰行深般若波羅蜜多。

行般若，即修慧行，由淺至深，須論三學。戒能捉賊，定能縛賊，慧能殺賊。賊即五蘊等妄想心。故《楞嚴》云：「因戒生定，因定發慧。」而三學又各有淺有深。戒者，能持身口淺，能制其心深。定者，世間定淺，出世間定深。慧者，我空淺、法空深。此其大概，細分更多，世出世間法，未有不由淺而入深者。

（二）耳根圓通

今行即菩薩慧行言之，《楞嚴》〈耳根圓通〉云：「初於聞中，入流亡所。所入既寂，動靜二相，了然不生。如是漸增，聞所聞盡。盡聞不住，覺所覺空。空覺極圓，空所空滅。生滅既滅，寂滅現前。忽然超越，世出世間。十方圓明，獲二殊勝。」等此是菩薩解六結越三空，破五蘊妄想，行深般若波羅蜜多時。

此行以「聞思修」三慧，解六結，破五蘊，斷三惑，越三空，證三德三身，列表於下：

	聞		思		修	
	初於聞中，入流亡所。	所入既寂、動靜二相，了然不生。	如是漸增，聞所聞盡。	盡聞不住，覺所覺空。	空覺極圓，空所空滅。	生滅既滅，寂滅現前。
解結	動	靜	根	覺	空	滅
破蘊	色：堅固妄想		受：虛明妄想	想：融通妄想	行：幽陰妄想	識：虛無妄想
斷惑	煩惱惑：人我執空			塵沙惑：法我執空		無明惑：俱空亦空
證德	法身		解脫			般若

解「動」結者，謂反耳根聞性，不緣聲塵。反聞聞自性，即忘聲塵。儒云，聽而不聞等似之。

解「靜」結者，破色陰，即破堅固妄想。初中聲塵雖寂，乃對動之靜，今靜相亦空故。

解「根」結者，破受陰及人我執，即破虛明妄想也。以上所聞動靜境空，而未忘根，此則能聞亦忘。

解「覺」結者，破想陰，即破融通妄想也。以上所覺根境雖空，而能覺之覺未空，今則能覺亦空，空至極處。

解「空」結者，破行陰及法我執，即破幽陰妄想也。以上所空之覺已空，尚有空見在，今空見亦空。

解「滅」結者，破識陰及俱空，即破虛無妄想也。以上所空既空，能空亦滅，尚有滅念在，此滅念在初生時，曰生相無明，今於還滅時曰滅，滅此滅念，即滅生相無明，故曰生滅既滅。寂滅現前者，即反聞所聞之不生滅理顯現。

般若之時有二。

初約人：謂菩薩有時亦同二乘人入空觀，如觀音之悲願，應以聲聞緣覺身得度者，即現聲聞緣覺身而為說法，應以天人修羅等身得度者，即皆現之而為說法等。今入中道第一義諦觀，非彼時也。故云行深時。

二約教：五時教中第四般若時，轉生酥為熟酥時也。今居第四時，乃融通諸法，淘汰執情故。前三時小機，至此慕大轉勝，心漸通泰，如生酥變熟酥也。

天台五時教者：

1. 華嚴梵網時（三七日），如乳。
2. 提冑阿含時（又名鹿苑時十二年），如酪。
3. 方等深密時（八年），如生酥。
4. 般若妙智時（二十二年），如熟酥。
5. 法華涅槃時（八年），如醍醐。

三、自利「照見五蘊皆空」（觀行境）

（一）照見五蘊

觀行之境界也。照見，是能觀之智。五蘊，是所觀之境。皆空，是觀行之果。照見乃觀照工夫，即觀照般若。五蘊皆空，乃所見理境，即實相般若。

照
- 自……理……一空一切空，妙空自在。
- 他……機……起同體大悲，度一切眾生之苦厄，使得自在。功行既深，自他俱得自在菩提。

見者，以照之既久，豁然洞見，五蘊緣生，雖幻有其相，而性本空寂也。故當體即是真空，與二乘之滅色求空者不同。

照	見
為	
三智	五眼
依觀照般若而起	

空	假	中
觀		
天台三止三觀，共成三眼三智各得三體。		

空	假	中
觀智行既深，斷		
見思	塵沙	無明
惑，顯		
一切智	道種智	一切種智
而		
慧	法	佛
眼明，見諸法即		
真	俗	中
諦理之彼岸。		

慧眼、法眼、佛眼，此三眼明，則肉眼天眼清淨，不待言矣。眼即是智，智即是眼。眼故論見，智故論知。知即是見，見即是知。佛眼具五眼，佛智具三智。《金剛經》云：如來有肉眼否？答云有。乃至如來有佛眼否？皆答云有。雖有五眼，實不分張，祇約一眼，備有五眼，能照見五境圓照無遺。佛眼能照見粗色，如人所見，亦過人所見，名肉眼。亦能照見細色，如天所見，亦過天所見，名天眼。達粗細色空，如二乘所見，名慧眼。達假名不謬，如菩薩所見，名法眼。於諸法中皆見實相，名佛眼。

佛智照「空」，如二乘所見，名一切智。佛智照「假」，如菩薩所見，名道種智。佛智照「空假中」，皆見實相，名一切種智。故言三智一心中得。故知一心三止，所成三眼，見不思議三諦，此見從止得，故受眼名。一心三觀，所成三智，知不思議三境，此智從觀得，故受智名。

譯「五陰」者為羅什，多用於法性之經論。譯「五蘊」者為玄奘，多用於法相之經論。蓋什師盛宏法性，以性宗專顯無為法性為目的，故視此無為法性，在眾生分上名自性涅槃，在佛分上名無上涅槃。而有為法皆能覆蔽無為，欲盡除無為法之蔽，故什師譯之為陰也。奘師盛宏法相，以相宗專從有為法轉有漏成無漏為目的，故覩一切有為法皆有各各不同之種子，即將眾多有為之法合為五聚，故有色等五聚之名。但此五聚在眾生分上即名有漏，在佛果位上即名無漏。欲轉有漏法而成無漏法，故奘師所譯為蘊也。而此二宗，皆有大小乘之差別。

性宗之小乘專明法性者，是生空所顯。性宗之大乘專明法性者，是二空所顯。故知法性一宗，則以空為能顯之門，性為所顯之目的也。總而言之，為空一切法以明法性。空一切有差別生滅之法，以為無一切生滅之法。而此五陰是有為生滅之法，能覆蔽無為不生滅之法，故必空之耳。什師盛傳成實、三論，多譯為五陰。

相宗為明一切法因緣而有，而非虛妄空無，但如其所有之實相，即了達其有，而不增益其所執之我，是知一切法皆為如幻之妙有，若能如是了達，即不起無明煩惱，故可轉有漏之識而成無漏之智，而進為《成唯識論》之大乘法相。明一切生滅差別之法，皆不離識。而一切無為無漏之法亦不離識。是知一切生滅差別之法及無為法，皆是唯心所現，唯識所變，故能轉煩惱而成無上菩提，達幻有即圓成實矣。如是若就其所用之法門言之，亦可謂為有宗。就其所顯之法體言之，亦可謂為法相宗。奘師盛傳俱舍、唯識。故此宗之經論多譯為五蘊。

陰覆真性，蘊聚成我，性相異宗，殊途同歸。

佛經傳入中國，始於東漢明帝時，攝摩騰與竺法蘭，那時譯了好幾部經，但是流傳至今的祇有《四十二章經》。自東漢起直至宋朝一千數百年間，上自朝廷，下至佛教徒個人，大都努力於譯經事業。譯師雖多，最出名的就是鳩摩羅什與玄奘法師新舊兩大派。羅什法師是融會全經的意義，以漢文體裁表達出來，字句章節雖和原文不大相合，而理論上無幽不顯、無微不至。玄奘法師是拘守梵文的格式，非常嚴肅，故在閱讀方面，意義很難通曉。今經既是奘師所譯，當知奘師的長處。更明於下：

五蘊，古譯（羅什法師）為五陰，能覆蓋障蔽法界平等不生滅之真性故，唯局有漏。新譯（玄奘法師）為五蘊，積聚義，謂此品類，多法積聚故。其義通漏與無漏。在眾生為有漏雜染之五蘊，在佛果則為無漏清淨之五蘊。二乘入生空，菩薩證二空。佛證果地時，可具五蘊聚，而無五蘊蔽。是則蘊字為究竟，陰字所不及也。今取蘊譯為正。蓋五蘊攝有為法盡，有為法既通漏與無漏，五蘊亦通漏與無漏，三乘勝道諦，皆有為無漏。若用陰字之義，不惟不通佛果，即二乘入生空，菩薩證二空時，亦無其義。故陰義僅通異生之五蘊位耳。異生之五聚法，或名五取蘊。取者貪著為義，即煩惱名，煩惱能執取三有生死故。取蘊者由取生故。屬於取故。能生於取，名五取蘊也。

或謂陰義亦通二乘，若小乘聖者，厭離三界生死，入無餘涅槃時，灰身滅智，盡捨覆蔽涅槃之五陰法故。然仍有一分義不通，小乘許四諦中之道諦，十八界之意界、法界、意識界咸通無漏，大乘十八界皆通無漏。如是翻五蘊為五陰，攝義不盡，則名義亦失所當矣，不可不知。

又陰者，陰蓋善法，就「因」得名。蘊者，積聚眾惡，就「果」得名。成功色身之後，能遮蔽吾人之真性，與本有之智慧光明。

復次，五蘊者，即身心之異名。行人不識身心真妄，何能懸契？不達真妄本源，諸行徒施。是以菩薩先入慧光大定，洞達五蘊之性，空無所起，當體即如。然後從三昧起，告舍利子，應如是學。清涼澄觀云：「生死之本，莫過人法二執。」迷身心總相，故計人我為實有。迷五蘊自相，故計法我為實有。智眼照知五蘊和合，假名為人。一一諦觀，但見五蘊，求人我相，終不可得。

（二）五蘊皆空

先觀色蘊是假身，了知堅則地，潤則水，煖則火，動則風。觀餘四蘊是觀心，了知領納為受，取相為想，造作為行，了別為識。依此身心諦觀分明，但見五蘊，求人我相終不可得，名為人我執空。若觀一一蘊皆從緣生，都無自性，求總相不可得，則五蘊皆空，名為法我執空，是以照五蘊而二空理現。

空觀之意義：一切事物皆由因緣和合而成，刻刻生滅，全為空的狀態。把它當為實有就是迷。反過來能體會到一切皆空即是般若正智。所以般若是空的正智，空是般若正智所體會到的心境。也就是在一知道萬象是假的真空之下，便馬上離開迷悟之對待，為般若的空觀。

古德偈曰：「五蘊山頭一段空，同門出入不相逢，無量劫來賃屋住，到頭不識主人公。」有老宿云：「既不識他，當初問甚麼人賃。」

我空

謂五蘊，就是人生的本體，人人皆在此肉體上，執有我性可得，今以般若之智觀照，吾人之組織體五蘊上，無有我性可得可取。此為二乘所證之境界，名曰生空慧。

法空

謂此五蘊有為法，由般若智觀照，了達一一蘊中每一法，皆是緣生，緣生即是性空，性空則無一實性可取可得。此為大乘所證之境界，名曰法空慧。

五蘊合之即身與心，開之為三科七大。空者，即此身心不待死後當體是無。得此二空般若，方能了生死證涅槃，斷煩惱證菩提。

《寶藏論》云：「離者無身，微者無心，無身故大身，無心故大心。」大心故則智周萬物，大身故則應備無窮。是以執身為身者則失其大應，執心為心者則失其大智。若有身者則有身礙，有身礙故，則法身隱於形殼之中。若有心者則有心礙，有心礙故則真智隱於念慮之中。故大道不通，妙理沉隱，六神內亂，六境外緣，晝夜惶惶，無有止息矣。故《金剛經》云：「佛說非身是名大身。」又說：「諸心皆為非心，是名為心。所以者何？須菩提，過去心不可得、現在心不可得、未來心不可得。」後說非眾生是名眾生，非凡夫是名凡夫，非世界是名世界，總以非盡方得。

五蘊者，據《唯識論》，識蘊統指八識心王，八識各有「受蘊、想蘊」二蘊以為心所；餘四十九心所，俱「行蘊」攝。

	色	是色法
心所	受、想、行	是心所有法
心王	識	是心之本體

五蘊皆空，即不住五蘊是名真出家。見不仗根，色蘊空。對境無心，受蘊空。知而無知想蘊空。心心無染行蘊空。真心常住識蘊空。五蘊空則一切苦厄自度，轉為五分法身，三德涅槃。永嘉云：「幻化空身即法身。」當體即是如來。

《賢愚經》云：「一切行無常，生者皆有苦，五陰空無相，無有我我所。」《楞嚴經》之集註有云：「色以堅固妄想為本，受以虛明妄想為本，想以融通妄想為本，行以幽陰妄想為本，識以虛無微細精想為本。」妄想無體，迷真故有，真亦本空，妄無所從，當體即是真空妙性。體空者，即五蘊色相，而成五蘊實相。即五蘊色相而明五蘊實相者，即有為而明無為也。

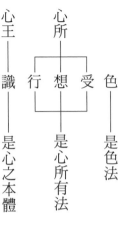

二乘	用	析	空觀，照見五蘊皆空，成	人	空般若。
菩薩		體		法	

即幻
色　受　想　行　識
而明真空，是
色　受　想　行　識
蘊實相。

問：以念佛求生西方有為虛偽，曷若不馳想於外，但攝心於內，協無為之旨乎？答：有為雖偽，捨之則道業不成。無為雖實，取之則慧心不朗。成二乘禪。經云：「厭離有為功德是為魔業。樂著無為功德亦為魔業。」子今厭樂交爭，得不入於魔罥耶？又若聖賢攝心謂之內，凡夫馳想謂之外；苟以馳外為亂，住內為定，復是內外所馳。

如羅什法師云：外國有一女，身體金色，有長者子名達暮多羅，以千兩金邀入竹林，同載而去。文殊菩薩於道中變為白衣士，身著寶衣，甚嚴好。女見之，貪心內發。文殊言：汝欲得衣者，當發菩提心。女曰：何等為菩提心？文殊言：汝身是。問曰：云何是？答曰：菩提性空，汝身亦空，故是。此女曾於迦葉佛所宿殖善本，廣修智慧。聞是說已，即得無生法忍。得是忍已，將示欲之過，還與長者子入林？自現身死，膖脹爛臭。長者子見已，甚大怖畏，往詣佛所，佛為說法，亦得法忍（大覺未成，未暇閑任，故名為忍）。如是觀身實相，觀佛亦然。女身空，佛身空，未始異也。菩提之義豈得異乎？夫如是則一切有為即無為矣。一切內外非內外矣。然在有而未嘗有，有而常無。居無而未嘗無，無而恆有。何患之於佛有相，心有念哉。

佛為瓶沙王說喻：色如聚沫，受如浮泡，想如陽燄，行如芭蕉，識如幻事。《楞嚴》云：「一切世間諸所有物，皆即菩提妙明元心。」此心一悟，無色受想行識，乃至無智亦無得，一即一切，一切即一。古德云：「以我身空諸法空，千品萬類悉皆同。」故心空則身空，心身俱離，則無五蘊、六入、十二處、十八界乃至無智亦無得。

四、利他「度一切苦厄」（觀行利益）

明能觀之利益。未見蘊空時，認蘊為實，起惑造業，苦報牽連，相續不絕。一見蘊空，人法俱喪，無造業者，無受報者，一切苦厄如湯消冰，故云度一切苦厄。

苦有三類：1.苦苦（有八）：生、老、病、死、愛別離、怨憎會、求不得、五陰熾盛。2.壞苦。3.行苦。

一切苦者，凡夫有三苦、八苦、無量諸苦，皆不出分段之苦。二乘有變易生死之苦。欲脫此苦，須觀其因，然後可以防治，從引發苦受的自體說，有二：1.身苦，因生理變化所引生的不適意受，如飢寒疲勞等。2.心苦，是精神上所感到的苦受，如憎怒哀懼等。

身苦大體相同，心苦則否。如人觀月，或以月光皎潔而樂，或望月思鄉念舊而悲。觀劇、觀花、飲酒、食肉皆有同一情境，而心中苦樂有差。因身苦而引生心苦，或自絕生路，或鋌而走險。反之心苦也可以引生身苦，如因情緒不佳而久臥床榻等。身苦由於人為，易於解決。心苦則因知識之不同，情緒各異，最難解決；此世間科學決無法對治，祇有佛法可得究竟之對治。

引發苦痛之環境有三：1.我與物。因物質的需求不滿意而生，曰求不得苦。2.我與他。是由人與人的關係而生，曰愛別離，怨憎會苦。3.我與身心。是自己身心上的，即生老病死苦。上三類中，初因自然界，衣食等，求不得所發生之苦、次因社會關係所發生之苦、三因身心變化所引生之苦。

總三者即五蘊熾盛苦，是人生所必具，任他科學如何發達，哲學倫理如何研究，祇可解決第一種對治自然界之苦，而第二第三實無法可以解決。唯佛法才可究竟解決，即須照見蘊空，破我法二執，度二種生死，得二種涅槃。

佛法以空為本，乘人空觀行，照見蘊中人我空故，滅煩惱障出分段生死。乘二空觀行，照見五蘊自性空故，滅所知障，出變易生死。離諸怖畏，究竟解脫。苦厄雖多，二死收盡。二死既出，則五蘊轉為三德涅槃，一切諸苦頓成常樂我淨，人生大事畢矣。

此經所以為深般若者，以其不依三乘漸次修習，唯令大心凡夫於五蘊中，直下頓見真空實相，一切生死苦厄即時度脫，直截痛快，莫逾於此。若配三般若者，照見是觀照般若、五蘊皆空是實相般若、度一切苦厄為方便般若。

貳、人間觀：正報論（拂外疑）

舍利子！色不異空，空不異色；色即是空，空即是色；受、想、行、識，亦復如是。

一、聽者人格「舍利子」

菩薩已劈腹剜心於五蘊皆空一句，傾盡無餘，更復何說？但蘊空之旨，理會尤難，毫釐有差，天地懸隔，凡夫著有，二乘躭空；證地前之空亂意菩薩，猶疑滅色取空、或云空在色外、或云空是物，不能克證真空心體，故菩薩呼舍利子而宣明之。

若依施護譯本則云：「是時佛在王舍城，靈鷲山中，與大比丘眾千二百五十人並諸菩薩摩訶薩俱。（中略）舍利弗承佛威神，白觀自在菩薩言：若善男子善女人欲修行甚深般若波羅蜜多，當云何修學？」故菩薩呼舍利子以告之。

舍利子，乃如來大弟子，智慧第一，欲說深般若法，須告大智慧人。《大智度論》云：摩伽陀國中有大城名王舍，王名頻婆娑羅，有婆羅門論議師名摩陀羅，王以其人善論議，故賜封一邑。是摩陀羅遂有居家，婦生一女，眼似舍利鳥眼，即名此女為舍利。次生一男，膝骨麁大名拘絺羅。是時南天竺有婆羅門大論師字提舍，於十八種大經皆悉通利，來王舍城，頭上戴火，以鐵鍱鍱腹。人問其故，便言：我所學經書甚多，恐腹破裂是故鍱之。又問頭上何以戴火？答言：以大闇故。眾人言：日出照明，何以言闇？答言：闇有二種：一者日光不照，二者愚癡闇蔽，今雖有日月明，而愚癡猶黑。眾人言：汝但見摩陀羅，腹當縮，明當闇。

是婆羅門逕至鼓邊打論議鼓。國王聞之，問是何人？眾臣答言：南天竺有婆羅門名提舍大論師，欲求論處，故打論鼓。王大歡喜，即集眾而告之曰：有能難者，與之論議。摩陀羅聞之自疑，我已陳故，不復業新，不知我今能與論否？僶俛而來，於道中見二特牛，方相觝觸，心中作想，此牛是我，彼牛是彼，以此為占，知誰得勝，此牛不如，便大愁憂，而自念言：如此相者，我將不如。欲入眾時，見有母人，挾一瓶水，正在其前，躄地破瓶。復作是念：是亦不吉，甚大不樂。既入眾中，見彼論師，顏貌意色，勝相具足，自知不如，事不獲已，與共論議，便墮負處。王大歡喜，大智明人遠入我國，復欲為之封一聚落。諸臣議言：一聰明人來，便封一邑，功臣不賞，但寵語論，非安國全家之道。今摩陀羅論議不如，應奪其封以與勝者，若更有勝人，復以與之。王用其言，即奪與後人，時摩陀羅語提舍言：汝是聰明人，我以女妻汝，男兒相累，今欲遠出他國，以求本志。

提舍納其女為婦，懷妊時，夢見一人，身披甲冑，手執金剛，摧破諸山，而在大山邊立。覺已白其夫。提舍言：汝當生男，摧伏一切諸論議師，唯不勝一人，與作弟子。舍利懷妊，以其子故，母亦聰明。其弟拘絺羅，與姊談論，每屈不如，知姊所懷子，必大智慧，未生如是，何況出生，即捨家至南天竺，不暇剪爪，讀十八種經書，皆令通利，是故時人名為長爪梵志。姊子既生，其父思惟，我名提舍，逐我名字為憂波提舍。眾人以其舍利所生，皆共名之為舍利子。

年始八歲，誦十八部經，通解一切經書。時摩伽陀國有龍王兄弟，降雨以時，國無荒年，人民常以仲春之月，一切大集，至龍王廟為設大會，敷四高座，一為國王，二為太子，三為大臣，四為論士。爾時舍利弗以八歲之身，問眾人言，此四高座為誰敷之？眾人答曰：為國王、太子、大臣、論士。時舍利弗便昇論床，結跏趺坐，眾人疑怪。或謂愚小無知，或謂智量過人。雖復嘉其神異，而猶各懷自矜，恥其年小，不自與語，皆遣年少弟子傳言問之。其答酬旨趣，辭理超絕。時諸論師，歎未曾有，一切皆伏。王大歡喜，即命有司封一聚落，常以給之。王乘象輿宣示十六大國，無不慶悅。

是時告占師子名拘律陀，姓大目犍連，舍利弗友而親之。舍利弗才明見貴，目犍連豪爽取重。此二人者，才智相比，德行互同，行則俱遊，坐則同止。後俱厭世，出家學道，作梵志弟子，精求道門，久而無徵，以問於師，師名刪闍耶，而答之言：自我求道，彌歷年歲，不知為道果無耶？我非其人耶？而亦不得。後其師疾，舍利弗在頭邊立，大目連在足邊立。師命將終，愍爾而笑，二人俱問笑意，師答曰：世俗無眼，為恩愛所侵，我見金地國王死，其大夫人自投火積，求同一處，而此二人行報各異，生處殊絕。是時二人筆受師語，欲驗虛實。後有金地商人，遠來摩伽陀國，問之，果如師語。乃憮然歎曰：我等非其人耶？為是師隱我耶？相與發誓，若先得甘露，必要同味。

是時佛度迦葉兄弟千人，次遊諸國，到王舍城，頓止竹園。二人聞佛出世，俱入王舍城，欲知消息。爾時比丘馬勝，著衣持缽，入城乞食。舍利弗見其儀服異容，諸根靜默，就而問曰：汝誰弟子？師是何人？答言：釋種太子，厭老病死苦，出家學道，得阿耨多羅三藐三菩提，是我師也。舍利弗言：汝師教授為我說之。即答偈曰：「我年既幼稚，受戒日初淺，豈能演至真，廣說如來義？」舍利弗言：請略說其要。爾時馬勝比丘說偈云：「諸法因緣生，是法說因緣，是法因緣盡，大師如是言。」舍利弗聞此偈已，即得初道。還報目連。目連見其顏色和悅，迎謂之言：汝得甘露味耶？為我說之。舍利弗即為其說向所聞偈。目連言：更為重說，即復為說，亦得初道。遂各領二百五十弟子，俱到佛所。

佛遙見二人與弟子俱來，告諸比丘，汝等見此二人在諸梵志前者不？諸比丘言：已見。佛言：是二人者是我弟子中智慧第一，神足第一。大眾俱來以漸近佛，既到稽首在一面立，俱白佛言：世尊，我等於佛法中欲出家受戒。佛言：善來比丘。即時鬚髮自落，法服著身，衣鉢具足。

爾時舍利弗初受戒半月，佛邊侍立，以扇扇佛。長爪梵志見佛，問訊訖，一面坐，作是念：一切論可破，一切語可壞，一切執可轉，是中何者是諸法實相？何者是第一義？何者性？何者相？不顛倒？如是思惟，譬如大海，欲盡其涯底，求之既久，不得一法實可以入心者，彼以何論議道，而得我姊子？作是思惟已，而語佛言：瞿曇，我一切法不受。

佛問：汝一切法不受，是見受不？（佛所質義，汝已飲邪見毒，今出是毒氣，言一切法不受，是見毒汝受？）爾時長爪梵志，如良馬見鞭影即覺。即棄貢高，慚愧低頭，如是思惟：「佛置我著二處負門中！若我說是見我受，是負處門麁，故多人知，云何自言一切法不受。今受是見，此現前妄語，是麁負處門，多人所知。第二負處門細，我欲受之，以不多人知故。」作是念已，答言：瞿曇，一切法不受，是見亦不受。

佛語梵志：汝不受一切法，是見亦不受，則無所受，與眾人無異，何用自高而生憍慢？如是長爪梵志不能得答，自知墮負處，即於佛前生恭敬心。思惟我墮負處，斷其邪見故，即於坐處得遠離塵垢，於諸法中得法眼淨。是時舍利弗聞是語得阿羅漢，是長爪梵志便出家，後得大力阿羅漢。

二、現象觀「色不異空，空不異色」

此下釋五蘊皆空，五蘊又曰五眾。

問：何故但說五耶？

答：諸法各有定限，如手法五指，不得求其多少。蓋有為法雖復無量，分判為五則盡。

問：若爾者，何故復言十二入、十八界耶？

答：蘊義應爾。入界義異，佛為眾生故，或時略說，或時廣說。有人於色識中生大邪惑，於心數法中多有錯謬，故說五蘊。有人於心心數法中不生邪惑，但惑於色，為是眾生故說色為十處，心心數法總說二處，名十二處。有人於心數法中，少生邪惑，而多不了色心，為是眾生故說心數法為一界，色心為十七界，名曰十八界。或有眾生不知世間苦法生滅，不知離苦修道，為是眾生故說四諦。世間及身皆為是苦愛等，煩惱是苦因，煩惱滅是苦滅，滅煩惱之方便法是名道。或有眾生著吾我故，於諸法中邪見生一異相，或言世間無因無緣，或墮邪因邪緣，為是眾生故，說十二因緣。

「色」有二：1.形色：長短方圓。2.顯色：青黃赤白。

「色」，有變、礙二義。變謂現象變化而歸破壞。礙謂如手礙石，石亦礙手，自他互為能礙所礙。於是知色之涵義極廣，非僅青黃赤白等色，而四大種所造色、無表色，皆稱色也。即根身與器界是。

「不異」者，須知蘊之與空原非二物，空即心也，色受想行識亦心也。此心一悟，無色受想行識，乃至無智亦無得，一即一切，一切即一，眾生取著遂有九界根身器界，依正妄生。殊不知真空性中本無心相，亦無色相，元唯淨裸裸光灑灑一段清淨真如。何有五蘊？所謂萬里無雲萬里天是也。今既背真逐妄，須借觀照工夫，且舉色而言之。

色者謂九界根身器界，即五根六塵，真空中幻出，何異於空？空者謂真空妙性，即幻色之空，何異於色？然云不異，猶似兩物相比，恐迷者依然看作兩橛，今欲泯此二見，故又反覆申明云：幻色舉體即是真空，真空舉體即是幻色。如波即水，金即器，原非二物，祇是一法也。永嘉云：「無明實性即佛性，幻化空身即法身。」一是知幻境本真，不由修習，今因迷理，故須智照。

此四句乃是菩薩教舍利子參透「色空」之祕訣，故須特別注意。此色空二字，各宗說法甚多。《易經》云：「形而上者謂之道，形而下者謂之器。」道字指空而言，器字指色而言。宋周濂溪稱「無極太極陰陽」。無極即空，陰陽即色。又宋儒喜言「理氣」，理即是空，氣即是色。無非是用種種字面來說明宇宙間事事物物之本體與現象。佛教中說性與相、理與事，皆是色空二字之變化。故融會貫通之，無極道理等，皆明宇宙間形形色色平等之本體。器陰陽事相，皆明宇宙間形形色色差別之現象。性相不二，理事圓融，則色空相即無礙矣。

佛門又稱空門，空是佛的根本智，故修行先從空字下手。此經從《大般若經》，舍利子般若中抉出，要旨唯是空義。《大般若經》十六會中，初五會以五周說般若，初周，舍利子般若；次周，須菩提般若；三周，信解般若；四周，實相般若；五周，方便般若。須菩提般若詳三解脫門中之無相門。舍利子般若則著重於三解脫門中的空門。《心經》祇能說是空一方面的代表，要旨唯一空義。但空義為大乘入道之門，以無所得為方便，而求無上菩提，正當大乘菩薩道之通途。所以本著空解脫門一竿到底，可資以貫串全部般若。

《大智度論》云：「菩薩行般若波羅蜜時，所緣所觀，皆為一味，空智力大故，餘法皆隨而為空。譬如煮石蜜欲熟時，雖異物和合，皆為石蜜。又如大海，百川歸之皆為一味，所謂畢竟空味，色等諸法亦如是。凡夫心中各各別異，入般若波羅蜜中皆為一味。」空義有三：1.無常故空。2.緣生故空。3.妄執故空。《大智度論》云：「菩薩法中，說世間即是涅槃，智慧深入諸法故。」空即是涅槃。《中論》云：「涅槃不異世間，世間不異涅槃。」涅槃際世間際一際無有異故。菩薩得是實相故，不厭世間，不樂涅槃，故云空即是色，色即是空。

（一）揀妄明真

先揀妄，妄空有三

1. 頑空，即凡夫之空。離色明空，即色非空，空在色外，取色外空。如牆處不空，牆外是空。與色對待之空，乃呆滯無用之空。又有二：⑴對於色法不能感覺。此由五根粗劣，對於微細色法無從起識，遂認為空。散心凡夫皆具此見。⑵對於色法不願感覺。此雖五根非劣，對於一切色法不願接受，遮遣成空。無色界眾生具此見。

2. 斷滅空，又名惡取空，乃撥無因果之空。即滅色明空，空中無色，色中無空，如穿井除土出空。以先有後無，故云斷滅空。又云人死如燈滅，故云惡取空。即邪魔外道之空也。此亦有二：⑴誤解偏空。以為一入空觀，一切法相皆化為烏有，佛固無，因果更無，佛像固可棄，戒律更可毀。不知自己雖入偏空，而有法之變演絲毫不亂。⑵誤解生空。以為一入空觀，雖有法相出現，祇是虛影，佛土何足貴？地獄何足懼？平日修善固無謂，作惡亦何妨，不知虛影中因果律絲毫不亂。以上二種魔道，平日目空一切，及墮地獄受苦無間。至於生前殊無空觀能力，但拾唾餘，擅毀因果，一遇事急，輒起恐怖，此魔卒耳。今之新學多似之。不知絕待無作真心，非是斷空，但空眾生一切妄心，空世間一切幻法。以情識分別不及，故目之為空。

3.偏空，揀於究竟空，乃因果不昧之空，即三乘人所修之空。又二：⑴二乘認生滅為有，涅槃為空，為避生死入涅槃，是為避生入空。⑵法空，大乘之見也。知一切法相，祇如虛影，如鏡中像。二乘之入有餘涅槃雖能空諸所見，而不能避免色法因果律。大乘之證生空真如，能知諸法無非虛影，而虛影之由來亦有一定因果律，故三乘行人對於因果律皆須絕對遵守，不敢違犯。又云：二乘證生空，大乘證法空，未能空空俱空，故非究竟之空也。（小乘空於我人名為生空，大乘空於涅槃，恆沙佛法名為法空）

後明真

真空，一真法界之空，即一乘之空、究竟空、第一義空、性相不二之空。以即色之空為真空，即空之色為幻色。「色」謂十界之根身器界，即五根六塵。「空」謂真如妙性，即法界大總相法門體。性色真空，性空真色，清淨本然，周遍法界，但循眾生之心，應所知量而已。此又分二：

1. 洞明本體，即徹悟法空真如。三乘得生空者，雖知諸法空相本來無生如鏡中像，然未明虛相所從出之本體，誤認異熟識為起源。及徹悟法空，始知一切法相，皆歸於真如本性，當體即空，而不礙諸識之所緣相。此為性相不二之究竟空。明此即知空色相即之妙旨。

2. 兼達妙用，前洞明本體，雖達即色即空之妙旨，而對於空中之色，不能任意起滅，以未達法界妙用故。欲體用兼賅，不可不深究地、水、火、風、空、識六大法性之作用，步步能契五大妙用而不廢識大緣相，則能自體起用矣。觀自在菩薩體用兼賅，故能自在轉物，吾人得明於此，亦與菩薩同體用也。

自實性而言之，為色即是空，名曰真諦。自因緣而言之，為空即是色，名曰俗諦。而皆曰即是者，示不二也。即歸於中道第一義諦。

（二）法義纂集

「空」者，因緣所生法，究竟而無實體曰「空」。又謂理體之空寂。《大乘義章》曰：空者就理彰名，理寂名空。又諸法究竟無所有是空義。有二空、三空、四空、六空、七空、十一空、十三空、十六空、十八空等。

二空者，1.生空，言眾生之空無，即我空、人空。2.法空，言事物之空無。又內空，言根身之空無。外空，外面器界之空無。

三空者，1.我空、2.法空、3.俱空。藕益大師曰：俱空實不生，非人法滅而俱空生，一切法不生，不生亦不生，心無所起，即名無生法忍。

四空者，1.法相空，言有法之空無。2.無法空，言無法之空無。3.自法空，言自性之空無。4.他法空，言他法之空無。（見《大乘義章》卷二）

六空者，1.果報空，即五蘊空。2.受用空，即十二入空。3.性別空，即十八界空。4.遍到空，即六大法空。5.境空，即四諦空。6.義空，即十二因緣空。（見天台《仁王經疏》）

七空者，1.相空。2.性自性空。3.行空。4.無行空。5.一切法離言說空。6.第一義聖智大空。7.彼彼空。（見《楞伽經》）又《大智度論》卷三十六有七空，1.性空。2.自相空。3.諸法空。4.不可得空。5.無法空。6.有法空。7.無法有法空。

十一空者，1.內空。2.外空。3.內外空。4.有為空。5.無為空。6.無始空。7.性空。8.無所有空。9.第一義空。10.空空。11.大空。（見《涅槃經》）

十三空者，於上十一空中加波羅蜜空、因空、佛果空。而除無所有空。（見《仁王經》）

十六空，見《般若經》卷四百八十三。

十八空者，1.內空，內六入無我無所等。2.外空，外六入無我無所等。3.內外空，十二入中無我無我所等。4.空空，以空破內空、外空、內外空，破是三空故名空空。5.大空，即十方空，東方無邊故名為大，南西北上下等方無邊故名為大。亦一切處有故名為大。6.第一義空，即諸法實相，實相不破不壞故，是諸法實相亦空。何以故？無受無著故。若諸法實相有者應受應著，以無實故不受不著，若受若著即是虛誑。7.有為空，名因緣和合生，所謂五蘊十二入十八界等。8.無為空，名無因緣常不生如虛空。9.畢竟空，破一切法令無遺故。10.無始空，經云：佛語諸比丘，眾生無有始，無明覆愛所繫，往來生死，始不可得，破是無始法故。11.散空，名別離相，知諸法和合故有，如車以輻輞轅轂眾合為車，若離散各在一處則失車名。五蘊和合因緣故名為人，若離五蘊，人不可得。12.性空，諸法性常空假，來相續故似若不空，如水性自冷，假火故熱，止火停久水則還冷。13.自相空，一切法有總別二種相，總相者，如無常等。別相者，雖皆無常而各有別相，如地為堅相，火為熱相等。14.一切諸法空，一切法有好有醜，有內有外。一切法有心生故名為有，無自體故空。15.不可得空，即無所得空，一切法乃至無餘涅槃不可得故。16.無法空，無法名法、已滅是滅無故。17.有法空，諸法因緣和合生故有法實無性故，名有法空。18.無法有法空，取無法有法相不可得，乃至云：離我我所故空，因緣和合生故空，無常苦空無我故名為空，始終不可得故空，唯心故名為空，故知萬法皆從心現，悉無自體，盡稱為空。此十八空，下至有為世間五陰，上至無為第一義諦，收一切法無不皆空。（見《大智度論》卷二十、三十一）

若不學般若，別尚餘宗，體有而未達真源，窮空而不盡空理，須歸宗內照發明，則外無一法，更無遺矣。又此空非體是空，以真心無礙，映現萬法，如虛空不拒諸相發揮，故於真心中能現一切，其所現一切雖依心無體，照見五蘊皆空，然亦不著於空，能興佛事，如《華嚴》頌云：「十方所有諸如來，了達諸法無有餘，雖知一切皆空寂，而不於空起心念。以一莊嚴嚴一切，亦不於法生分別，如是開悟諸群生，一切無性無所觀。」

「色不異空」：照了幻有無異真空，如波不異水。誌公曰：「有相身中無相身，無明路上無生路。」

「空不異色」：真空為萬法之體，故本具一切諸法，如水起波濤，隨器方圓等相。而眾生因執幻相，故迷真空，觀波迷水。菩薩教修般若觀慧，達真空體無異幻相，故云空不異色，悟水不異波。

三、本體觀「色即是空，空即是色」

「色即是空，空即是色」：此是妙契色空不二，全體即是，如水與波，動靜似分，體無二致。永嘉云：「無明實性即佛性，幻化空身即法身。」色是事，是俗諦。空是理，是真諦。色不異空，明俗不異真。空不異色，明真不異俗。色空相即，明是中道第一義諦。然真空雖真，不可執著。

《大智度論》偈曰：「諸佛說空法，為破諸見故，而復著於空，諸佛所不化。」菩薩意謂舍利子云：勿謂我說空，便欲色外覓空，不知色不異於空也。空不異於色也。更不必存色空二見，色亦即是空也，空亦即是色也。色即是空，正為菩薩體法入空，異於二乘，二乘名假而法實，析實使空。（註云，總攬五陰，假名眾生，生是假名，陰是實法，既計法實，析令入空）譬如破柱令空，今大乘體意，名

（眾生）實（陰）皆假，自相是空，本來虛寂；譬如鏡柱，本自非柱，不待柱滅方空。即影是空，不生不滅，不同實柱。（乃鏡中之柱也）

復次藏教所析，名為隨情觀「色心」，析有之觀，亦是事觀。所入之真，非是佛性，不會實理，但隨情為真耳。大乘體法，名隨理觀「色心」。如尋幻得幻師，尋幻事得幻法。亦如尋夢得眼，尋眠得心。（上喻下合）尋幻色心得無明，尋無明得佛性。體法通理，故名隨理觀。此約隨理以明大空。何者？二乘雖空，此空由於滅事而得，故名隨事。若大乘空，此空由於即事而得，故名隨理。理即事故，即義該深，故即空中含於不空，名為佛性。譬尋幻得幻師者，如觀幻化以見通理。尋幻師得幻法者，如觀空理以見不空。

就觀行釋
- 約賢首三觀
  - 色不異空——會色歸空
  - 空不異色——明空即色
  - 色空相即——空色無礙
  - 觀
- 約天台三觀
  - 從假入空
  - 從空入假
  - 中道第一義
  - 觀
    - 觀色即空成止行。
    - 觀空即色成觀行。
    - 空色無礙，一念頓觀，即止觀俱行。

（一）華嚴三觀

1.真空絕相觀：真空者，揀非斷滅空，非離色空。即有明空，亦無空相，故名真空。

2.理事無礙觀：理無形相，全在相中，互奪存亡，故云無礙。

3.周遍含容觀：事本相礙，大小等殊。理本包遍，如空無礙。以理融事，全事如理，乃至塵毛，皆具包遍。此二相望，成於十門，如《華嚴法界觀》中說。

今但言真空觀中，略作四句十門。四句者：

1.會色歸空觀：色不異空，俗即是真，即真諦。

2.明空即色觀：空不異色，真即是俗，即俗諦。

3.空色無礙觀：色空相即，二諦雙現，雙照明中道第一義諦。

4.泯絕無寄觀：色空一如，即下文無智亦無得句當之，二諦雙泯，雙遮明心境俱滅不可思議。

〈賢首略疏〉云：色空相望，有三義：

1.相違義。下文云，空中無色等（行人入空三昧時，見色為空），以空害色故。准此應色中無空，以色空相違，互存必互亡故，如水與火。

2.不相礙義。以色是幻色，必不礙空。空是真空，必不妨幻色。若礙於空，即是斷空，非是真空。若礙於色，即是實色，非是幻色。

3.相作義。若此幻色舉體非空，不成幻色，是故由色即空，方得有色。故《大品般若》云：「若諸法不空，即無道無果等。」若真空不能隨緣為幻色，則無華藏與極樂。《中論》云：「以有空義故，一切法得成。」

諸法若實，則凡聖迷悟不可移易，是故真空通有四義：

1.廢己成他義：以空即是色故，即色現空隱也。

2.泯己顯他義：以色即是空故，即色盡空顯也。

3.自他俱存義：以隱顯無二是真空故，謂色不異空為幻色，色存也。空不異色名真空，空顯也。以互不相礙，二俱存也。

4.自他俱泯義：以本體相即，全奪兩亡，絕二邊故。

（二）天台三觀

天台止觀止屬福，觀屬慧。今於觀中之便，先明止義。止有三種：

1.體真止。「諸法從緣生，因緣空無主，息心達本源，故號為沙門。」知因緣假合，幻化性虛，故名為體。攀緣妄想，得空即息，空即是真，故言體真止。

2.方便隨緣止。若三乘同以無言說道，斷煩惱入真，真則不異，但言煩惱與習有盡不盡。若二乘體真，不須方便止。菩薩入假應行應用，知空非空故言方便，分別藥病故言隨緣，心安俗諦故名為止。《楞嚴經圓通疏》云：「動止心常一，則能見般若。」證此意也。

3.息二邊分別止。生死流動，涅槃保證，皆是偏行偏用，不會中道。今知俗非俗，俗邊寂然。亦不得非俗，空邊寂然。名息二邊止。

智者依《瓔珞經》立一心三觀。

1.從假入空名二諦觀：觀假為入空之詮，空由詮會，能所合論。何者？俗是能詮，空是所詮，若無能詮，無以識所，是故須立二諦之名。又俗是所破，真是所用，若從所破應言俗諦觀。若從所用應言真諦觀。破用合論，故言二諦觀。

2.從空入假名平等觀：若是入空，尚無空可有，何假可入？當知此觀為化眾生。知真非真，方便出假，故言從空。分別藥病而無差謬，故言入假。平等者，望前稱平等也。前觀破假病，不用假法，但用真法，破一不破一，未為平等。後觀破空病，還用假法，破用既均，異時相望，故言平等。如盲者，初得開眼，見空見色，不能分別種種卉木根莖枝葉。從假入空隨智之時，亦見二諦而不能用假。若眼開後，能見空見色，即識種類，洞解因緣，皆識皆用，利益於他。從空入假亦具真俗，正用於假，為化眾生，故名為入假。

3. 中道第一義諦觀：前二觀為方便道，得入中道雙照二諦，心心寂滅，自然流入薩婆若海。初觀「假空」是空生死。次觀「空空」是空涅槃。雙遮二邊是名二空觀，為方便道。今此門得會中道，任運雙亡，亡即是中，故云心心寂滅等。

若從假入空，空慧相應，即能破見思惑，成一切智，智能得體，得真體也。若從空入假，分別藥病種種法門，即破塵沙惑，成道種智，智能得體，得俗體也。若雙遮二邊為入中道方便，能破無明，成一切種智，智能得體，得中道體也。

上明三觀得三智，再明三止得三眼、見三諦。

1. 體真止：妄惑不生，因止發定，定生無漏，慧眼開，故見真諦。

2. 隨緣止：冥真出假，心安俗諦，因此止故，得陀羅尼，分別藥病，法眼開，見俗諦。

3. 息二邊止：生死涅槃空有兩寂，因於此止發中道空，佛眼豁開，照見中諦。

天台與賢首，都有三觀，皆是具體有系統的學說。天台宗的三觀，是由三觀破三惑、見三諦、得三智、證三德。其重心是在修持上。賢首的三觀，則是一種法界觀，由法界觀使眾生心成為法界心。今以語釋之，即是宇宙觀和人生觀、社會觀。其重心是分析法界中的真實現象，和深密觀察所得的結果。一般的宇宙觀太小了，法界觀才是大的；一般人生觀太偏了，法界觀還包含有其他九法界眾生，乃是人生上最正確的觀點。社會觀祇囿於此一世界，而法界觀則是以華藏世界為單位，以全虛空界為標準。佛教最能擴大眼光，恢宏胸襟。華嚴是最重要理論，圓滿具足，無欠無餘。

天台三十祖幽溪大師云：「色即是空，此遍法界而無非真空。空即是色，此窮法界而無非幻有。」蓋色即是空色非有。空即是色空非無。非有非無，當體自絕，不離二邊，即顯中道。所謂語默無異，色空不二，不住涅槃，不住生死。終日涅槃，終日度生。終日度生，終日涅槃。涅槃生死，旨無差別。生死涅槃，體無先後。故居山不記山中景，見色聞聲隨境過。松花黃而竹葉綠，水聲清而鳥語幽。無一物當情，無一物不照。若第一峰頂，心行處滅，言語道斷。第二門頭，不妨話月傳神，所謂官不容針，私通車馬。故不以言定旨，說空不著空，就色不執色。色即是空，分別心志，真如頓顯。空即是色，萬有齊彰，妙用無窮。色空無礙，結歸中道，中亦不立，俱是假名。故不執色以論色，不執空以談空。黃蘗大師曰：「終日吃飯未曾咬著一粒米，終日行路未曾踏著一片土，終日穿衣未曾掛著一縷絲。」此即色空無礙之境。

靈峰蕅益大師云：「眾生障重，轉說轉迷，離四句墮五句。類癡蜂投窗，出此格入彼格，竟難得脫。」今大旨既明，姑寄言說。譬如虛空，日照雲屯，無取無捨，明亦與俱，暗亦與俱，萬象羅列，與萬象俱，彼此無礙，彼此相容。所以者何？置空無相故，明暗無涉故，隨緣不變故。明暗來即明暗，雖即明暗，元非明暗。當明暗時，若不明暗，則缺隨緣義。若被所奪，則缺不變義。貴乎不被所奪而能隨緣，隨緣而不被所奪，兩義全具。無相真如，亦復如是。若廣說者，縱請十方諸佛，相續演說，亦不能窮盡。

（三）色空都不住

佛所說之法，無非破眾生之執著，諸執淨盡，得大解脫，名之曰佛。色不異空，見色即空成大智，不住生死。凡夫妄執五蘊為有法，故此破之。空不異色，見空即色成大悲，不住涅槃。二乘離色滯空，故此破之。色空相即，色空之境不二，悲智之念不殊，成無住處行。權乘菩薩耽著二邊，或但住中，故此破之。

釋論揀外道與佛法二俱觀空，云何有異？外道愛著觀空智慧，即是向者所發空塵，謂為涅槃。有能觀者，便成身見。身見故即有利鈍十使，乃至八十八使，生死浩然。《大智度論》卷十八云：外道愛慢多故，不捨一切法。云何不捨？答：外道雖觀空，而取空相，雖知諸法空，不知我空，愛著觀空智慧故。若愛著者，便成我見，我見即具八十八使。論又問：外道既有無想等定，滅心所法，應無取著觀空智慧？答：無想定力，非智慧力，仍是生死。如是罪過皆由空塵而起，障真失道，豈會涅槃，是名外道觀空。佛弟子觀無生，若發空心，空心生時，即知是愛。何者？生名愛法，愛法即是無明，無明生我見等八十八使。知過故離，離即修觀，豈更謂此為真無生？

真空如大圓鏡，應物現形，而鏡中初無其物，故曰真空未嘗不有，即有以辨於空。幻色如泡影電雲，當其出現何嘗無像，一剎那頃變滅歸空，故曰幻有未始不空，即空以明於有。

僧問景岑禪師，色即是空，空即是色，此理如何？師答曰：「礙處非牆壁，通處勿虛空，若人如是解，心色本來同。」又曰：「佛性堂堂顯現，住性有情難見，若悟眾生無我，我面何如佛面。」

支道林云：「夫色之性，不自有色；色不自有，雖有而空。知不自知，雖知而寂。正以因緣之色（乃見聞覺知之辨別），從緣而有，非自有故，即名為空。」（空是指無始無明之空，非是佛性。倘若見佛性，則因緣之色，皆變為佛性矣。）佛性無邊，色亦無邊。宇宙萬象就是色。故《般若經》云：「色無邊故，般若亦無邊。」宇宙萬象不越乎色，豈非般若乎？

《泐經》云：色即四大幻色，空乃般若真空，眾生由迷真空，而受幻色，譬如水之成冰也。菩薩修般若觀慧照了幻色即是真空，其猶融冰為水。然色之與空，其體無殊。故曰：色不異空，空不異色。如冰不異水，水不異冰。色即是空，空即是色，如冰即是水，水即是冰也。

補註：《婆娑》卷十七云：「諸比丘問上座：樹下閒房，為修何法？上座答言：當修二法，所謂止觀。又問：多修止觀，為何所得？答：得初果乃至阿羅漢果。如是次第問五百比丘皆云修止觀二法。阿難白佛，佛亦云，修止觀二法。阿難歎言：善哉善哉！如來與弟子所說皆同，句義味同。」又《淨名經》云：「法身者，從止觀生。」《瓔珞經》云：「若欲學諸法，深入善本，當見菩薩力修習止觀。」大小經論，一切皆爾。止觀總持，遍修諸法。蓋止能寂諸法，如灸病得穴，眾患皆除。觀能照理，如得珠王，眾寶皆獲，具足一切法。《大品般若》有一百二十條及一切法，皆言當學般若，般若祇是觀智，觀智已攝一切法。又止是王三昧，一切三昧悉入其中。

障蔽魔王，領諸眷屬一千年隨金剛齊菩薩，覓起處不得。忽因一日得見，乃問曰：汝當於何住，我一千年領諸眷屬，覓汝起處不得。金剛齊曰：「我不依有住而住，不依無住而住，如是而住。」又南陽忠國師入自受用三昧時，大耳三藏不知其處。金碧峰打破紫金缽時，小鬼就無覓處。此皆不住於色也，即不住生死。若不住空，超越涅槃，如來亦不見矣。應無所住而生其心。

四、精神觀「受、想、行、識，亦復如是」

（一）心法亦然

受、想、行、識，此四蘊，例如色蘊之法以破之。

謂色法既爾，受等四蘊亦然，故云亦復如是。受者六根對六塵即有六識領納塵境。曰眼觸所生受，耳觸所生受，鼻觸所生受，舌觸所生受，身觸所生受，意觸所生受。前五名身受，後一名心受，即是想。眼識相應想，耳識相應想，乃至阿賴耶識相應想。想者，第六意識取五塵之相貌，如談說酢梅口中水出。行者，第七識恆執第八識見分為我念念不停。（有二解：1.廣義的，遷流為義。2.狹義的，造作為義。）識者，第八識任運了別諸識性境，不滯名言，即現量也。

識以了別為義，百法中八識心王也。八識各有明了分別自所緣境之功用，如眼識依眼根了別青黃赤白等色；耳識依耳根了別內外等聲；鼻識依鼻根了別好惡等香；舌識依舌根了別甘辛苦鹹等味；身識依身根了別堅濕煖動等觸；意識依意根了別內外事理諸法；末那依賴耶了別自內我境；賴耶依末那（七、八二識互依為根）了別根身器界種子等境。於中識所依根有二義：1.根依處、2.淨色根。常人未加審察不知根義，雖知五官腦筋亦屬儱侗，此五官即五根依處，腦筋似勝義根之代名。

總上色法立色蘊。受心所立受蘊。想心所立想蘊。七十三法立行蘊。八識心王立識蘊。然則何故如是次第耶？此有三種：1.識住、2.前為後依、3.起染淨。且略舉其一，如見青、黃等色（色蘊）而領受故（受），如所領受而了知故（想），如所了知而思作故（行），如所思作隨彼彼所而了別故（識蘊）。

識是心王，受想行是心所，王所對境必起相應故。然五蘊皆真如自證體上之幻法，迷蘊如水結為冰，悟蘊如冰還成水。此中雖唯舉五蘊，而根塵識諦緣度及佛果菩提，乃至八十一科皆在其中，故《大般若經》云：一切智清淨，無二無二分，無別無斷故。誌公云：「以我身空諸法空，千品萬類悉皆同。」《楞嚴經貫攝》云：「一切世間諸所有物，皆是菩提妙明元心。」此心一悟，無色受想行識，無眼耳鼻舌身意，乃至無智亦無得。一即一切，一切即一，若能如是，何佛不成。

經云：般若波羅蜜不可思議，不可以心知故。般若波羅蜜無所作，作者不可得故。世尊！菩薩當云何行般若波羅蜜？須菩提，若菩薩不行色，即行般若波羅蜜；不行受想行識，即行般若波羅蜜。須菩提，不行色不著相，即行般若波羅蜜；不行受想行識不著相，即行般若波羅蜜。

經中又云：舍利弗白佛言，世尊，云何生般若波羅蜜？佛言：若菩薩不生色，則生般若波羅蜜，不生受想行識，則生般若波羅蜜。如是生般若波羅蜜為成何法？舍利弗，如是生般若波羅蜜，於法無所成；若無所成則名般若波羅蜜。又云：色淨即是果淨，色淨故，果亦淨；受想行識淨故，果亦淨。色淨即是薩婆若淨；受想行識淨即是薩婆若淨。

欲空五蘊，當知能造與所造。心法為能造，色法為所造。經云：三界無別法，唯是一心造，一切因果，世界微塵，因心成體。

（二）色因識變

眼耳鼻舌身意——內親
土河海草木金石——外疎
（內親、外疎）——地水火風——相分
見聞覺知——見分
（見分、相分）——八識

真妄和合，非一非異，名阿賴耶識，分為見相二分。見分變出眼等七識；相分變成根身器界。內六根有執受故為親相分。外器界無執受故為疎相分。此二種相分皆四大所成，四大為能造，（註明於後）依正為所造，八識是能變之主，詳具《唯識論》。《楞伽》云：「無始時來界（界者因也，即種子識，無始相續，親生諸法故），一切法等依，由此有諸趣，及涅槃證得。」

《華嚴》云：「心如工畫師，造種種五陰，一切世間中，莫不從心造。」永明智覺禪師云：「若心淨即香臺寶樹，淨剎化生。心垢則丘陵坑坎，穢土稟質，皆是等倫之果，能感增上之緣。離自心源，更無別體。」又云：「萬法是真如，由不變故。真如是萬法，由隨緣故。」

註：四大為能造者，所謂四大種。身根所觸之境，以堅濕煖動為體，是為能造。通俗所謂地水火風是所造色，屬於顯色形色，為眼根所見之境，以顯形色為體。佛法隨俗亦立地水火風名。此彼對望，此為觸境，彼為色境。此為身根之所觸，彼為眼根之所見。此為能造，彼為所造。二者相違可知。此四大體為身根所覺一分之觸塵，如通俗所謂陰陽，與科學所謂質力，皆不外乎此也。地堅性，水濕性，火煖性，風輕動性。輕者所造性，動者正為能造之風性也。以風自性是動故。蓋輕與動相順相似，故舉能似輕相以彰所似風性。風能造與所造相似故云輕等。

問：四大種是現耶、是種耶？答：是現行觸塵一分，對自種故是現非種。然則何因緣故名能造性為四大種耶？答：一切色法雖皆由賴耶中親因緣種生，然要由堅等現行四大為普遍切要之殊勝功能增上緣，彼色香味觸方能生故。故即依此親近殊勝增上功能假名為種，如瓜豆等種，亦非種言種。云何四大種所造諸色？謂眼根耳根鼻根舌根身根，色聲香味所觸一分無表色等。

轉五蘊成三德

- 色——轉為法身德——佛身相好，無邊音聲，無見頂相。
- 受、想、行——轉為解脫德
  - 無量廣大，自在法樂，受用自在。
  - 無礙智辯，說一切法之相，無不自在。
  - 神通變現，以清淨法，化生自在。
- 識——轉為般若德——大圓鏡等四智，無不自在。

罽賓國王秉劍詣師子尊者（二十四祖）問曰：師得蘊空否？師曰：已得蘊空。曰：既得蘊空，離生死否？師曰：已離生死。曰：既離生死，就師乞頭還得否？師曰：身非我有，豈況於頭。王便斬之，出白乳，王臂自墮。又僧肇法師遭秦主難，臨刑說偈曰：「四大元無主，五陰本來空，將頭臨白刃，猶劍斬春風。」

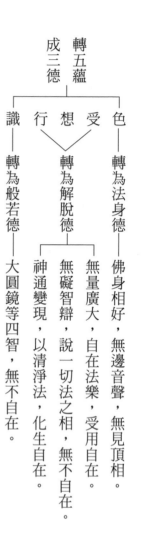

參、世界觀：依報論之始（三科無我）

舍利子！是諸法空相，不生不滅，不垢不淨，不增不減。是故空中無色，無受、想、行、識。無眼、耳、鼻、舌、身、意；無色、聲、香、味、觸、法；無眼界，乃至無意識界。

一、總論空觀「舍利子！是諸法空相，不生不滅，不垢不淨，不增不減」

（一）顯法體

上明即色即空，意已玄極，而菩薩又呼舍利子告以空相者，欲發明真空之體，令人深進徹法底源也。諸法即五蘊及下六入、十二處、十八界、十二因緣、四諦等法。蓋真空性中，了無諸法可得，以迷故似有，故曰空相。乃無相之相（即以不生不滅等為相），當體即是實相。無相不相，名為實相。無相者，無生死相也。不相者，不涅槃相也。生死涅槃俱盡，常寂滅相故名為空相。不二不異，離虛偽顛倒而常樂我淨，即空即假即中，故名實相。實相者，即相無相，凡所有相皆是虛妄。《金剛經》云：「若見諸相非相，則見如來。」

實相
- 無相
  - 無一切妄法差別之相
  - 空如來藏
  - 藏性不變之體
- 無不相
  - 隨時現一切相
  - 不空如來藏
  - 藏相隨緣之用
- 無相無不相
  - 不捨一切法，不立一切法
  - 空不空如來藏
  - 藏相體用雙彰

舉三對六不，是發明諸法真空實相中，本無凡聖修證因果等法，直顯般若一真空體一絲不掛，獨露真常。

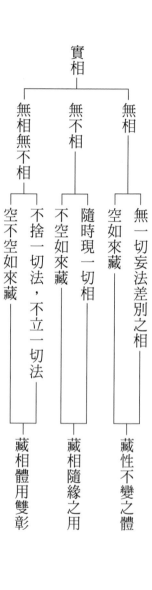

- 生滅
- 垢淨
- 增減

——約指——

- 五蘊、十二處、十八界——迷真逐妄故。
- 四諦、十二因緣——世間因果為垢，出世間因果為淨故。
- 智、得——道有所增，而惑有所減故。

凡夫觀諸法——

- 緣會而生，緣散而滅，
- 迷之則垢，悟之則淨，
- 在凡則增，在聖則滅，

——乃翳眼見空花，不知本來無有。自心取自心，非幻成幻法。

菩薩觀諸法——

- 不生不滅
- 不垢不淨
- 不增不減

——五蘊空相——

- 本無有生
- 本來不垢
- 本不曾增

——云何有——

- 滅——空解脫門
- 淨——無相解脫門
- 減——無作解脫門

四相

1. 生：能起。
2. 住：能安。

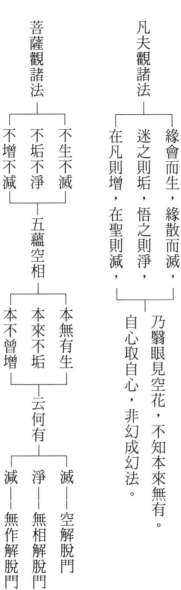

3.異：能衰。
4.滅：能壞。

（二）別顯三釋

1.就位釋：不生不滅，在道前凡位，十信以前，死此生彼，流轉長劫，是生滅位，真空離此。不垢不淨，在道中菩薩位，見修二道，十地位中，障染未盡，淨行已修，名垢淨位，真空離此。不增不減，在道後佛果位中，生死惑障昔未盡而今盡，減也。修生萬德，昔未圓而今圓，增也。真空離此。

2.就法釋：真空雖即色等，然色從緣起，真空不空。色從緣謝，真空不滅。又隨流不染，出障非淨。障盡不滅，德滿不增。此生滅等是有為法相，翻此以顯真空之相，故曰空相。

3.就觀行釋：謂於三性三無性觀中，以此三無性，顯彼真空相。此一念心剎那起時，即具三性三無性六義。謂一念心是緣起法，即依他起性。情計有實，即遍計所執性。體本空寂，即是圓成實性。即依三性說三無性，若一念心起，具斯六義，即具一切法矣。

三性	如		三無性
遍計所執性	蛇——情有理無	作無相觀	相無自性性——妄——概屬妄境故。
依他起性	繩——非有似有	作無生觀	生無自性性——假——從因緣而生故。
圓成實性	麻——真空妙有	作無性觀	勝義無自性——實——離於眾相，超絕妄想之外故。

(1)於遍計所執作無相觀，即相無自性觀。謂彼即空，無可生滅。（妄法無生滅）

(2)於依他起性作無生觀，即生無自性觀。謂依他起染淨，從緣無性。（緣起非染淨）

(3)於圓成實性作無性觀，即勝義無自性觀。謂前二不有而非滅，觀智照現而不增。又在纏出障性無增減。（真空無增減）

上別顯三釋竟。又不生不滅者，以純真故，體無有外，故無所生。以無有內，故無可滅。又無所盡，故無庸生。以無有盡，故無能滅。自性本具，故不須生。以無有形，故不須滅。不垢不淨者，性是純真無妄，不存一點塵染雜質妄念。譬之大冶紅爐不存片雪，故曰不垢。以淨是對染而言，今既無染，則亦無淨可立，故曰不淨。不增不減者，譬如化學，取氫氧於霄壤，不能使霄壤之氫氧有所減。如吾人入胎出胎而為人，不曾使性海減一滴，即墮在蛆蟲及三途中，亦不稍減。乃至修行成佛亦不微增。宇宙萬物皆所同然。

孤山云：色不異空故不生，空不異色故不滅。色不異空故不垢，空不異色故不淨。色不異空故不增，空不異色故不減。生死即涅槃故不生，涅槃即生死故不滅。煩惱即菩提故不垢，菩提即煩惱故不淨。結業即解脫故不增，解脫即結業故不減。

（三）中論八不

《中論》有四對八不：「不生亦不滅，不常亦不斷，不一亦不異，不來亦不出。能說是因緣，善滅諸戲論，我稽首禮佛，諸說中第一。」此之八不，明佛所說第一義諦，諸經論則有無量，或不有不無，不垢不淨，不住不著，不受不取，不虛不實，不縛不脫，等等無量門。

《中論》云：「若深觀不常不斷，即入無生無滅義。何以故？不生即不異，不滅即不一。生名集成即異義，滅名散壞即一義。不生即不常，不滅即不斷。不生即不來，不滅即不去。不生即不垢，不滅即不淨。不生即不增，不滅即不減。不生即不縛，不滅即不脫。不生即不有，不滅即不無。是故深觀不生不滅，即是諸門義也。」言不生者，一切邪計及四性等，生與無生皆不可得。不生無生，何得有滅。滅無生故，故生本無；餘之六門準此說之。

問：不生不滅，既已總破一切諸法，何須更列餘六句耶？答：為成初二，故列餘六。又信樂不同，隨宜說異。故《瓔珞經》云：「八不相即，聖智不二，不二故，是諸佛菩薩母。」諸佛皆說八不故也。故知八不攝門義盡。（俱皆能通故稱為門）

此經六不字即顯當人絕待心體。所以悟之處處咸是，處處自在。證一切法無生無滅，即是無生法忍。

五蘊皆空，人本空也。諸法空相，法亦空也。知法照空，見空捨法，二者知見亦是空也。空諸對待，空亦不立，才算究竟菩提。

《大般若經》云：舍利弗白佛言：菩薩云何行般若波羅蜜？佛告舍利弗，菩薩摩訶薩行般若波羅蜜時，不見菩薩，不見菩薩字，不見般若波羅蜜，亦不見我行般若波羅蜜（破著有見），亦不見我不行般若波羅蜜（破著無見）。何以故？菩薩、菩薩字性空（空名法空，法空中無一毫法故），空中無色，無受想行識。離色亦無空，離受想行識亦無空。空即是色，色即是空。空即是受想行識，受想行識即是空。何以故？舍利弗，但有名字故，謂為菩提。但有名字故，謂為菩薩。但有名字故，謂為空。所以者何？諸法實性，無生無滅，無垢無淨故（如虛空相似，雨霖不濕，火燒不熱，煙亦不著，本自無生故）。菩薩摩訶薩如是行，亦不見生，亦不見滅，亦不見垢，亦不見淨。何以故？名字是因緣和合作法，但分別憶想假名說，是故菩薩摩訶薩，行般若波羅蜜時，不見一切名字，不見故不著。

《大智度論》問：如人有眼見，方知所趣處，然後能行；今何以言不見菩薩及般若？答：此中不言常不見，但明入般若觀時，不見菩薩及般若波羅蜜。般若波羅蜜為令眾生知實法故出，此菩薩名字眾緣和合假稱，般若波羅蜜名字亦如是。雖是假名而能破諸戲論，以自無性故，說言不可見。如火從眾緣和合，假名為火。雖無實事，而能燒物。又依世俗法故，有出有入。戲論滅故，無出無入。當取其意。

二、五蘊空觀「是故空中無色，無受、想、行、識」

（一）真理非事

法相開合門，向不總無五蘊、六入、十二處、十八界，無世間法也。真理非事者，所依根身是事，能依覺性是理。此能依真理，非是色身上事。但能所無礙，不妨終日依而無依。故顏子一簞食，一瓢飲，終日不改其樂，君子謀道不謀食也。以理融事，事空而理存也；此無字直貫至無智亦無得，無卻蘊處界智與得，有般若波羅蜜矣。

是故空中者，承接上文而言，指吾人妙覺真空，妙空真覺。心中雜染已空，故云空中。上言諸法空相，無生滅垢淨等，以是之故，空中本無色受想行識等，就相違說，故云無也。理實皆悉不壞色等，以色等自性空，不待壞故。色與無相違，空來則色滅，云何空中有色？譬如水中無火，火中無水，性相違故。蓋色非實空，行人入空三昧中，見色為空，以是故言空中都無有色，受想行識亦無。

此即無五蘊，即言真空實相中，沒有五蘊。無色，所以沒有「我相法相」。無受想行識，所以沒有「我見法見」。無即是空。

「色」，包括聲、香、味、觸、法；總該五根六塵，都有可意、不可意、俱相違三種境界。「色」眼所對境：有顯色（青黃赤白等，分明顯現之緣境），有形色（長短方圓等，有比對之形狀者），有表色（謂有情之動作，凡取、捨、屈、伸、行、住、坐、臥、乃至口目開合，種種施為等）。「聲」耳所對境：有可意、不可意、俱相違等聲。「香」鼻所對境：有好香、惡香及餘諸香。「味」舌所對境：有甘、酢、鹹、辛、淡等。「觸」身所對境：有滑、澀、重、輕、冷、暖、飢、渴等。「法」無表色：第六意識所緣，體即善惡之思種子。

「受」有

眼
耳
鼻
舌
身
意

觸所生受，領納為義。有

逆境
順境
中庸境

即是

苦受
樂受
不苦不樂受

「想」有
- 眼
- 耳
- 鼻
- 舌
- 身
- 意

觸所生想，於境界取種種相為義。

總有二種
- 一、世間想——有想
- 二、出世間想——無想

「行」
- 總——以諸相應法，及不相應法，為行蘊體。
- 別——遍行中之思心所，為行蘊主。

——念念不停不休息為義。

又有三種差別：

一、勝差別
- 以思心所一切行中最勝故。
- 別境五，約增勝思為蘊主。

——此中攝遍行中除受想餘三。

二、所依差別：即六思身

眼　耳　鼻　舌　身　意

觸所生思。

三、依設施差別：善染分位等

諸善思——信等十一法。

雜染思——本惑十、隨惑二十、不定四。

分位差別思——二十四不相應行法。

「識」即眼、耳、鼻、舌、身、意、末那、賴耶等八識。了別為義。

識所依根，總有二種，謂共依、不共依。

1. 共依：即俱有依，有四種：⑴五色根，是「同境依」。即清淨色根也。⑵第六識是「分別依」，五識隨時皆有，如定中聞聲等。五識以意為依，意散亂時，

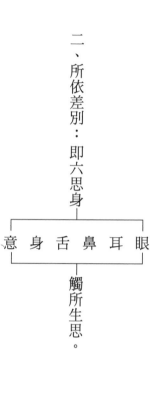

五不生故。謂五識性鈍，任運緣境不起分別，故依第六明了。(3)第七識是「染淨依」，恆與四惑相應故，染諸識成有漏善汙法也。(4)第八識是「根本依」，持諸識種子，令生諸識，變五根令住五識，變五境令緣六識，又為第七親依也。如是諸識同依第八，非唯一識依，故云共依。

2.不共依：謂前五識依五色根，第六依末那，七八互為能所依，此隨一識依，非餘識依，故言不共依。

（二）生起邊際

五蘊之義既明，向下更明生起邊際。

《楞嚴》云：「是五受陰，五妄想成，汝今欲知陰界淺深，唯色與空是色邊際；唯觸及離是受邊際；唯記與忘是想邊際；唯滅與生是行邊際；湛入合湛歸識邊際。此五陰元重疊生起，生因識有，滅從色除；理則頓悟，乘悟併銷；事非頓除，因次第盡。」

五蘊，五妄想成，實皆如來藏妙真如性。《楞嚴》云：一切浮塵諸幻化相，當處出生，隨處滅盡，幻妄稱相，其性真為妙覺明體。如是乃至六入十二處十八界，因緣和合，虛妄有生。因緣別離，虛妄名滅。殊不知生滅去來，本如來藏妙真如性。性真常中，求於去來迷悟生死，了不可得。以是故，真空實相中，本無五蘊也。

既有五蘊，即成五濁。朱文公註云：人性如海，寂照含空，遍周法界，本無一物。自無明一起，遂閉於頑鈍之軀，於是得其根之利者，而眼能辨色，耳能聽聲，兩質相礙，見不超色，聽不出聲，遂有山河大地之「妄色」積於中而成劫濁矣。根塵既接，遂有違順苦樂之「妄受」積於中而成見濁矣。心中攬取六塵虛影計算籌度，遂有顛倒之「妄想」積於中而成煩惱濁矣。此心日為風力所鼓，生機不斷，念念遷流，遂有「妄行」積於中而成眾生濁矣。心中含藏善惡諸法，遂有「妄識」積於中而成命濁矣。

其實五蘊在五湛性中，如空中現花，欲結空果，了不可得。苟會得佛知見，凡妄念一起，即知其落在何蘊，即知其與本來面目不相應，即蕩滌無餘。昔人云：將紛飛之心，究紛飛之處，究之無處，則紛飛之念安存？返究自心，則能究之心安在？自然心空及第歸也。然境不自空，必假照以空之，要證得蘊空地位，全在智光照徹。蘊如堅冰，智如烈火，未有不融釋也。

舉十界依正，唯有「色」、「心」二字包括殆盡。諸佛悟之，則「色」、「心」無礙，依正互融。眾生迷之，則色心有隔。迷心則愚心（謂昏沉散亂，執而不化，聞而不悟，計斷計常，不了心本空寂），迷色者著色（謂於五塵等事而生貪愛，不知幻化，終日追求），故佛特開四句，破彼群迷。

1. 為迷心多，迷色少者，說五陰開心合色之法。
2. 為迷色多，迷心少者，說十二入開色合心之法。
3. 為心色俱迷者，說十八界色心俱開之法。
4. 為俱不迷者唯說色心，即得融通無礙。

今初，五蘊，合色為一，開心為四。列表於下：

合——色——人身五根為內色，世界六塵為外色。

開心——受——領納名受，眼等五識領外現前五塵。

　　　想——於境取像，施設名言曰想，第六識分別三世法塵。

　　　行——遷流造作名行，第七識無始來執我不停。

　　　　　實則五十一心所除受想二，并二十四不相應，共七十三法皆行陰。

　　　識——了別名識，第八識了三類諸法性境。

今別約五六七八識者，各識對境行相勝故。識轉成智，則五蘊皆空，空中無五蘊之相也。

三、十二處空觀「無眼、耳、鼻、舌、身、意；無色、聲、香、味、觸、法」

此離十二處，十二入空也。

（一）根塵互涉

舊云十二入，言六根六塵互相涉入，根有入塵之習，塵有入根之染。新云十二處，言內根外塵各有處分。又處者所也，言各有所在。行者日用照此根塵，體即般若，頓空圓覺，故言無也。

根是能生之義，如草木之根，能生枝葉花果。吾人之六根對六塵，能生六識。所以無者，因行人用般若觀照自身，如幻如化，一切無有實性。所以附在色身上的六根也空了。塵是汙染之意，因為此六物，與吾之六根接觸之後，能使吾人發生貪戀之心，而汙染吾人之真性，所以名之曰塵。塵與根是相對待的。所以言無者，因六塵既藉六根而顯，故根無塵亦空矣。如病目見空花，空實無花，病目已癒，花不可得。吾人因六根妄動故有六塵，今根既空，故塵亦空。六根空，六塵空，即十二入空。

五根無惡，即福德莊嚴，意地無惡，即智慧莊嚴。

初果斷見惑，念念預入聖流，雖有根對而不染。《金剛經》云：「不入色聲香味觸法，是名須陀洹。」即圓教初信位，明了根塵無非中道。

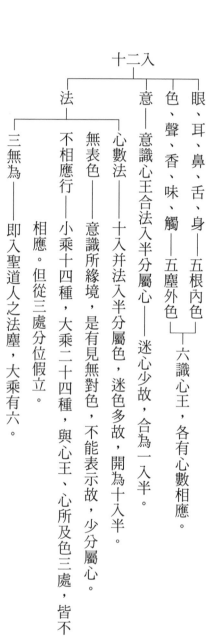

（二）合心開色

十二入合心開色表列於後：

十二入
- 眼、耳、鼻、舌、身——五根內色
- 色、聲、香、味、觸——五塵外色
  - （眼至觸）——六識心王，各有心數相應。
- 意——意識心王合法入半分屬心——迷心少故，合為一入半。
- 法
  - 心數法——十入并法入半分屬色，迷色多故，開為十入半。
  - 無表色——意識所緣境，是有見無對色，不能表示故，少分屬心。
  - 不相應行——小乘十四種，大乘二十四種，與心王、心所及色三處，皆不相應。但從三處分位假立。
  - 三無為——即入聖道人之法塵，大乘有六。

所以無者，六祖言：「真如自性起念，六根雖有見聞覺知，不染萬境，而真性常自在。」故雖無而不壞相。

《思益梵天所問經》，文殊言：若有菩薩於此眾中作是念，今說是法，當知是人即非聽法。所以者何？不聽法者乃為聽法。梵天問：何故說不聽法者乃為聽法？文殊師利言：不漏眼耳鼻舌身意，是聽法也。所以者何？若於內六入不漏色聲香味觸法中乃為聽法。爾時會中三萬二千天子，五百比丘，三百比丘尼，八百優婆塞，聞文殊師利所說，皆得無生法忍。得是忍已，作是言：如是如是，文殊師利，如仁者所說：「不聽法者乃為聽法。」爾時思益梵天問得忍諸菩薩言：汝等豈不聽是經耶？諸菩薩言，如我等聽，以不聽為聽。又問：汝等云何知是法耶？答言：以不知為知。又問：汝等得何等故名為得忍。答言：以一切法不可得故，我等名為得忍。又問：云何隨是法行？答言：以不隨行故隨行。又問：汝等於此法中明了通達耶？答言：一切諸法皆明了通達，無彼我故。

偈曰：「諸法不可捨，亦復不可取。一切世間法，根本不可得。」愚於陰界入，而欲求菩提，陰界入即是離是無菩提。若法及非法，不分別為二亦不得不二，是名行菩提。若二則有為，非二則無為。離是二邊者，是名行菩提。常住於平等護持佛正法，一切無所念，則是如來法。

四、十八界空觀「無眼界，乃至無意識界」

離十八界，界者分疆也，有十八種作用不同故。

（一）皎然清淨

界者因也，因根對塵，中間發識分別六塵。根為能發，識為所發，塵為助發。若根對塵，不循分別，即入聖流矣。《楞嚴》云：塵既不緣，根無所偶，反流全一，六用不行，十方國土，皎然清淨，乃至得無生忍。列表於下：

- 眼、耳、鼻、舌、身 — 根界（五根內色）
- 意 — 根界

- 眼、耳、鼻、舌、身、意 — 識界

- 色、聲、香、味、觸 — 塵界（五塵外色）
- 法 — 塵界
  - 心所法
  - 無表色
  - 不相應行
  - 三無為

十八界
- 迷色多故，開色為十界，及法塵中無表色之半界。
- 迷心亦多故，開心為七界，及法塵中心所法之半界。

《成唯識論述記》問：唯有真空，無蘊處界，安能起用？答：《楞嚴》云：「若能轉物則同如來，身心圓明，不動道場，於一毛端，遍能含受十方國土。」是以根根互遍，圓該法界。塵塵容納，十方根塵，皆自性中普光明智。色心無礙，大用現前。但因眾生執著，不得不破。所以萬緣放下又放下，無放下處又放下，似懸崖撒手，十方虛空盡是妙用無礙，拈起一毫，無非妙性融通。

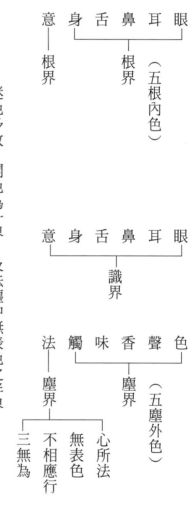

（二）總結三科

考世間的苦迫紛亂，眾生的生死流轉，根本上即是「我見」二字的作祟。我見者，即人人於自己的身心上，或有意，或無意，直接覺到自我。於是乎發為一切顛倒之思想行為。若能反此顛倒，即是大徹大悟，世尊由此而成正覺。印度傳統之婆羅門教，起初認此色身為我，云色即是我，我在色中。當時有斷見的順世論者，以為我即是色身，身體是無常的，可壞的，所以我也就一死完事，無所謂後世。以後發展到以智識為我，即我之自體不離色與識。

以上都是偏見，若佛的正觀，即於蘊處界三科去觀察，分別有情的真相，要從身心相依去考察，如何是流轉相續的。五蘊合色開心，詳於心理上的分析。十二處開色合心，詳於物理上的分析。十八界色心俱開，詳於生理上的分析。六根六塵六識即佛教中的生理學、物理學，心理學。眾生的自體，不離色心二種的結合。

佛教根本上反對二元的立場，身心和合之假名。不但蘊處界的我不可得，即婆羅門教的真我說，也斷定為顛倒想的產物。他們以為色即是我，及識即是我。不知真我是常住妙樂的。色是無常，無常即苦，苦即非我，非我故亦非我所。如是觀者名為正觀。又緣眼色生識，三事和合生觸，觸俱生受想思。此諸法非我非常。（見

《雜阿含》卷一）故於有情作蘊界處正觀時，確認為一切是無常的，苦的，非常住，非妙樂。於是婆羅門教的真我，即根本否定了。

佛法否定此神祕我的一元論，及超物質我的二元論，即以有情為身心和合的相續者。又不落於順世的斷見。從念念無常的相續中，展轉相依，沒有獨存的自體中，無我無我所，而肯定有情為假名的存在，不離蘊處界，不即蘊處界，成立生死的繫縛與解脫。所以《中論》〈觀有無品〉云：「雖空亦不斷，雖有亦不常，業果報不失，是名佛所說。」

以上蘊處界三科，乃凡夫的修法，證我空真如，真空實相中，本來沒有的，故總以無字貫在頭上。

肆、人生觀：正依報之終（三乘教法）

無無明，亦無無明盡；乃至無老死，亦無老死盡。無苦、集、滅、道。無智亦無得。

一、十二因緣空觀「無無明，亦無無明盡；乃至無老死，亦無老死盡」

離出世間法，無十二支也。（逆順緣起門）

十二因緣者，此十二法展轉感果，故名為「因」。互相由藉，故名為「緣」。「因」為能生之種，「緣」為所生之境。「因」約特性說，「緣」約力用說。「因」指主要的，「緣」指一般的。三世相續無有間斷，亦名十二連環。又名十二緣起。又名十二有支。若能隨斷一支，餘支當下冰消。「因」斷無種子，「緣」斷無助境。應念化為無上知覺，則何處而非自在哉。

無無明，無流轉法。無無明盡，無還滅法。乃至無老死句亦然，上句流轉，下句還滅也。文中流轉還滅二門，皆舉首尾二支。乃至二字該攝中間十支。此乃緣覺所修之法。真空中不唯無流轉，而還滅法亦無也。

（一）十二因緣生起門

由世間人無智慧，妄見五蘊和合為人，有人即有六根六塵六識，三六十八界，始終不能相離。不了真空，便造種種善及不善業，流轉六道。欲脫六道苦者，當知生起共有十二種因緣。不知真空故，迷而逐妄是無明。由無明為緣，生起行動初業。由行動初業為緣，生起分別識心。由有分別識心為緣，生起最初入胎名色。由有名色形質為緣，生起六根初相。由有六根初相為緣，生起六種微細感觸。由有六種微細感觸為緣，生起六種細微受。由有六種細微受為緣，生起六種細微愛。由六種細微愛心為緣，生起六種執取心。由有六種堅固執取心為緣，生起內外根塵完成為實有。由有實有為緣，生起完全人體出生，由有出生為緣，生起老死憂悲苦惱。

第一支是「無明」，迷惑的意思，即過去無量劫來之煩惱為吾人生死輪迴之本，故在十二緣起之首。吾人欲斷生死，定明先破無明。蓋無明在我們心中最初一念妄動，種下了生生世世輪迴的根本。第二支是「行」，即「行為」、「行業」之意，是吾人無量世來由無明煩惱所作的善惡行業。因吾人既然起了無明妄念，便緣著這無明而有種種「行為」、「行業」之造作，故云「無明緣行」。上二支是過去世的惑與業二種因。

第三支是「識」，即阿賴耶識，又名含藏識。此識含藏過去無量世來善善惡惡之種子，而為今生依業受報之根本，所以名曰「含藏識」。吾人托胎之時，此識先來。及身死之時，此識後去。因此識完全依著過去世的行業，而為托胎賦形之根本，所以說「行緣識」。第四支是「名色」，名即是心，色即是身。因賴耶初托母胎，雖已略具身心，但祇粗具身形的大概，其識有名而無實，所以不叫「身心」，而曰「名色」。故云「識緣名色」。第五支是「六入」，即是六根。因賴耶托胎之後，經七七日漸具六根，根必入塵，故云「名色緣六入」。第六支是「觸」，因在母胎中既備六根，及出母胎必與六塵相接觸，所以云「六入緣觸」。但自初生至三、四歲，知識尚稚，對於眼前事事物物，未有分別了解之力，祇憑根與塵相接觸而已。第七支是「受」，從五、六歲至十二、三歲，知識漸充，六根與六塵相接觸，漸能分別領納其美惡苦樂，故云「觸緣受」。以上五支是由過去惑業之因，而受現在之果。

第八支是「愛」，十四、五歲之後，年齡漸長，貪愛之心日熾，凡六根所受之事事物物，若合乎自己心意的，便存著愛戀之心，所以說「受緣愛」。第九支是「取」，吾人對於所愛之事物，必多方設法，取之以為已有，故云「愛緣取」。第十支是「有」，上述愛與取兩種心理，總是由於迷惑之故，由此迷惑，復造出種種之業，故云「取緣有」。有即業也。以上三支是現在世惑業之因，再種下後世二支的苦果。

第十一支是「生」，蓋吾人現在世既然依惑造業，所以未來世即依業受生，故云「有緣生」。第十二支是「老死」，未來世既然依業受生，有生必有老死，輪轉不停，故云「生緣老死」。

以上十二支，由無明緣行、行緣識、識緣名色、名色緣六入、六入緣觸、觸緣受，受緣愛、愛緣取、取緣有、有緣生、生緣老死，如此循環流轉無窮無盡，所以叫作「流轉門」。列表於下：

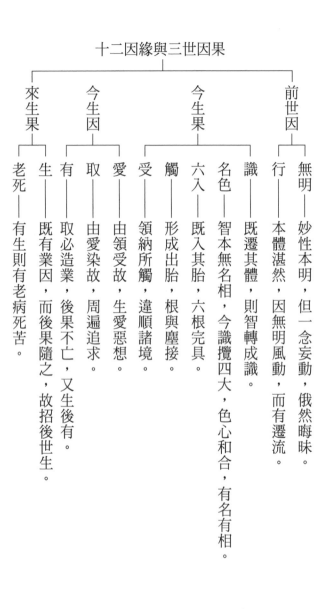

十二因緣與三世因果

- 前世因
  - 無明——妙性本明，但一念妄動，俄然晦昧。
  - 行——本體湛然，因無明風動，而有遷流。
- 今生果
  - 識——既遷其體，則智轉成識。
  - 名色——智本無名相，今識攬四大，色心和合，有名有相。
  - 六入——既入其胎，六根完具。
  - 觸——形成出胎，根與塵接。
  - 受——領納所觸，違順諸境。
- 今生因
  - 愛——由領受故，生愛惡想。
  - 取——由愛染故，周遍追求。
  - 有——取必造業，後果不亡，又生後有。
- 來生果
  - 生——既有業因，而後果隨之，故招後世生。
  - 老死——有生則有老病死苦。

（二）十二因緣還滅門

此十二支，不出惑、業、苦三道，偈曰：「無明愛取三煩惱，行有二支屬業道，從識至受并生死，七事同名一苦道。」吾人因三道相續不斷，故不能出離生死。如果將十二支仔細看去，知道無明是生死的根本，若要出離生死，必須先滅無明，無明一滅則行亦滅，行滅則識滅，識滅則名色滅，名色滅則六入滅，六入滅則觸滅，觸滅則受滅，受滅則愛滅，愛滅則取滅，取滅則有滅，有滅則生滅，生滅則老死滅。如此十二支一一滅盡，便是十二因緣還滅門。故利根之人，祇要發心破無明，無明一滅，則餘十一支不成問題。蓋十二支不出惑業苦，既已斷惑，（即無明）自不造業；既不造業，自不受生死輪迴矣。所以經云：「無無明，亦無無明盡。」十二因緣都無，即十二因緣空也。又經云：「亦無無明盡，乃至無老死，亦無老死盡。」因為破無明了生死，仍是凡夫的心理，若在大乘菩薩看來，本無生死可言，哪裡還用得著了與不了呢？故云：亦無無明盡，亦無老死盡。

觀十二因緣，發明有四：

1. 推現三支（愛取有）。凡有二種：⑴推果知因。如先推受以至無明，既知無明生於受，則不起愛等。⑵推因知果。於定心中所緣善惡，能所和合，得名為業，業即有因，故有能含果。次推此業還由於取，取於善惡。取從愛起，愛故可取。乃至無明。故息現因，令滅當果。

2.推現五果。愛因受生，由領受善惡，所以愛生。受由於觸，六塵來觸六根，故得有受。觸由六入，若無六識統六根則不能涉入諸塵而生於觸。入由名色，若但有色，色不能觸，如死人。若但有名，名亦無觸，如聾盲。色心合故，則有於觸。名色由識，初托胎名歌羅邏，此時即具三事：一命、二煖、三識。（是中有報風，依風名為命。精血不臭不腐名為煖。是中心意名為識。）

3.推過去二因。識由業行，如過去持戒善業，業使人中受名色。過去惡業，業使三途。故知識由於業。業即行也，行由無明癡愛造作罪行，使識流轉。

4.推過去至未來。從過去來今，從今愛取有，有能含果，招未來生死。三世因緣，空無有主。

若轉無明為佛智用，從初發心知十二因緣是三佛性。有通、別二種觀：

一、通觀			
	觀十二因緣	真如實理是正因佛性	即一一支中皆具三佛性
	觀十二因緣	智慧是了因佛性	
	觀十二因緣	心具足諸行是緣因佛性	

二、別觀

- 觀無明愛取——即了因佛性
- 行有——即緣因佛性
- 識等七支——即正因佛性

此轉惑、業、苦三道為三因佛性

苦道是生死，轉生死身即法性身。煩惱是闇法，轉無明為明即般若。業行是縛法，轉縛為解脫。即三道是三德也。

十二因緣前七後五兩重輪迴表

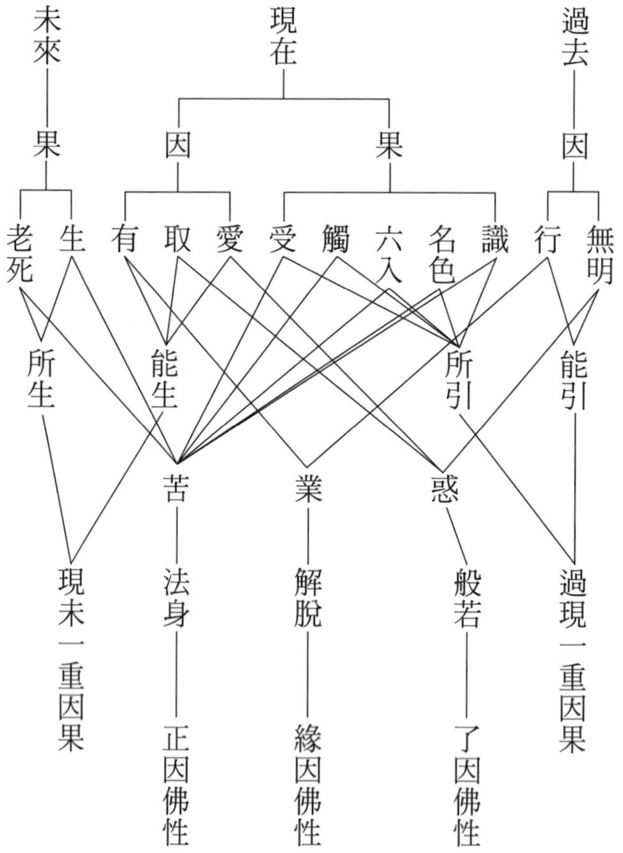

若迷為惑業，則成三道。十二因緣輪轉相生，故三道亦輪轉相生。《大寶積

經》卷五十七云：假使百千劫，所作業不亡，因緣會遇時，果報還自受。若悟為三因佛性，證三德涅槃。性德因時，不縱不橫，名三因佛性。修德果時，不縱不橫，名三德涅槃。若三賢十聖住於果報，悉成就彼十二因緣。等覺餘有一生因緣在，妙覺窮無明源，愛取畢竟盡，故名究竟涅槃。識等七果盡，故名究竟法身。行有盡，名究竟解脫。（上明三德）雖言斷盡，無所可斷，不思議斷。不斷無明愛取而入圓淨涅槃。不斷名色七支而入性淨涅槃。不斷行有善惡而入方便淨涅槃。（上明三涅槃）《淨名經》云：「以五逆相而得解脫，亦不縛不脫。」如是而推十二因緣，即是一切無量佛法。

黃蘗禪師云：「此是直指眾生本心本體，本來是佛，不假修成，不屬漸次，不是明暗。」不是明故無明，不是暗故無暗。所以無無明，亦無無明盡。如是見得名之為法，見法故名之為佛，佛法俱無，名之為僧，亦名一體三寶。夫求法者，不著佛求，不著法求，不著眾求，應無所求。吾人學教參禪，俱圖大徹大悟，徹悟之境，即是無生法忍。學人一心求悟者，悟緣生法也。一切諸法，緣會則生，緣散則滅。非有而有，幻相不實。有即非有，當體是空。問：緣生之相既是虛妄，云何悟相便究竟耶？答：見性不真，不能了相。見性真實，便能了見森羅萬象都是自己本性上因緣所生，謂之妙有。故行人雖明緣生性空。若見緣性，則脫緣縛。

佛法以空為主，說空以因緣為宗，因緣即是緣起義。凡夫不信，外道不知，二乘權教須知而不徹底。唯大菩薩知而究竟。佛說心地，乃說二空，無緣生義，二空不成。

人之識心造善惡業，故有升沉。而真心本來不動，識心為累，枉受輪迴。當知惑、業、苦三，皆由因緣所生，緣生性空，故曰人空。根塵亦是因緣所生，根塵無性，一切是空，故曰法空。若無緣生之義，人法俱實，真心不顯。有緣生義，人法俱空，真心顯現，得本法身，即為佛果。

《大寶積經》卷五十一云：「如是般若不與無明而共同止，不與諸行而共同止，如是廣說乃至不與老死而共同止。」又云：「如是般若不與蘊界處法而共同止，乃至不與一切所緣作意而共同止。……不與蘊魔死魔天魔同止，乃至不與一切魔業而共同止。……善及不善有罪無罪生死涅槃同止，……乃至不與一切思惟心意識安住等法而共同止。」故今經云：「無無明盡，乃至無老死」等。

又《大智度論》云：爾時德女復白佛言：若無明非內有，非外有，亦非內外有，非從先世至今世，非從今世至後世，非無實性者，云何從無明緣行，乃至老死眾苦集？譬如有樹，若無根者，云何得生莖節枝葉花果。佛告德女云：諸法相雖空，凡夫無聞無智故，而於中生種種煩惱，由煩惱作身口意業，由業作後身，由身受苦樂；是中實無煩惱，亦無身口意業，亦無受苦樂者。譬如幻師幻作種種事，雖無根本，而可聞見。無明亦如是，雖無實性，無有生者滅者，無有根本可得，而無明因緣諸行乃至老死眾苦集，如幻息，幻所作亦息，無明亦如是。無明盡行亦盡，乃至老死眾苦集盡。可知無明一法，並無實性，並無根本枝葉，無有生滅，無有滅生滅者，人法皆空。故經云：「無無明，亦無無明盡，乃至無老死，亦無老死盡。」

（三）因識入胎，後有名色

《長阿含經》第十六《堅固經》：

佛言長者子！我有比丘在此眾中，自思念言：此身四大地水火風，何由永滅？彼比丘忽趣天道，往至四天王所，問四天王言：此身四大，地水火風，由何永滅？

長者子！彼四天王報比丘言：我不知四大由何永滅？我上有天，名曰忉利，微妙第一，有大智慧，彼天能知四大由何而滅。彼比丘聞已，即倏趣天道，往詣忉利天上，問諸天言：此身四大，地水火風，何由永滅。彼忉利天報比丘：我不知四大何由永滅。上更有天，名焰摩，微妙第一，有大智慧，彼天能知。即往就問，又言不知，如是展轉至兜率天、他化自在天，皆言我不知四大何由永滅。上更有天，微妙第一，有大智慧，名梵迦夷，彼天能知四大何由永滅。彼比丘即趣梵道，詣梵天上，問言：此身四大地水火風，何由永滅？彼梵天報比丘言：我不知四大何由永滅。今有大梵天王，無能勝者，統千世界，富貴尊豪，最得自在，能造化物，是眾生父母，彼能知四大由何永滅。

長者子！彼比丘尋問：彼大梵王，今何所在？彼天報言：不知大梵今何所在，以我意觀，出現不久。未久，梵王忽然出現。彼比丘詣梵王所，問言：此身四大，地水火風，何由永滅？彼王梵王告比丘言：我梵天王，無能勝者，統千世界，富貴尊豪，最得自在，能造萬物，眾生父母。時彼比丘告梵王曰：我不問此事，自問四大地水火風，何由永滅。

長者子！彼梵王猶報比丘言：我是大梵天王，無能勝者，乃至造作萬物，眾生父母。比丘又復告言：我不問此，我自問四大何由永滅？長者子！彼梵天王，如是至三，不能報彼比丘，四大何由永滅？時大梵王即執比丘手，將詣屏處，語言：

比丘！今諸梵王，皆謂我為智慧第一，無不知見，是故我不得報汝言不知不見，此四大何由永滅？又語比丘：汝為大愚？乃捨如來，於諸天中，推問此事！汝當於世尊所問如此事，如佛所說：善受持之。又告比丘：今佛在舍衛國給孤獨園，汝可往問。

長者子！時比丘於梵天上，忽然不現，譬如壯士，屈伸臂頃，至舍衛國祇樹給孤獨園，來至我所，頭面禮足，一面坐，白我言：世尊！今此四大地水火風，何由而滅？時我告言：比丘！猶如商人，臂鷹入海，於海中放彼鷹飛空，東西南北，若得陸地，則便停止，若無陸地，更無歸船。比丘！汝亦如是。乃至梵天問如是義，竟不成就，還來歸我。今當使汝成就此義。即說偈言：何由無四大，地水火風滅，何由無麤細，及長短好醜？何由無名色，永滅無有餘？應答識無形，無量自有光。此滅四大滅，麤細好醜滅，於此名色滅，識滅餘亦滅。

因識入胎，然後有名色（見《佛說入胎藏經》），此即〈八識規矩頌〉所謂「去後來先作主公」者是也。三界唯心，萬法唯識，其義深奧，非世間其他宗教所易了解，此佛所以稱為天人師也。

二、四諦空觀「無苦、集、滅、道」

（一）染淨因果門

無苦集滅道，離染淨因果。

佛法雖分一乘三乘，四諦悉已包括淨盡。苦、集二諦是世間的因果，道、滅二諦是出世間的因果。皆以前果後因而立者，蓋果顯而易見，因幽而難明，故先言世間苦果，令生厭離之心，然後教吾人斷其苦因。又先言涅槃之妙果，使吾人生欣羨之心，然後教吾人修出世間之法。總而言之，欲吾人知苦斷集，慕滅修道。

「苦」：有身（五蘊）則有苦，或計五蘊是我，或計我在五蘊中，或計五蘊中有是我非我，或計五蘊外另有我。既有我則一切皆為我所有，身是我有，財物是我有，家庭是我有，名譽是我有，因我起見生種種煩惱，世世受生老病死之苦，所謂三苦八苦。列表於下：

苦諦

- 苦苦
  - 生——入胎昏迷，出胎倒懸
  - 老——面目變形，龍鍾昏聵
  - 病——精神損減，枕席呻吟
  - 死——四大分散，呼吸至絕
- 行苦
  - 不淨苦
    - 眼流眵淚
    - 耳生結聹
    - 鼻出濁涕
    - 口吐痰涎
    - 大小二便
  - 我見苦
    - 五欲著樂
    - 五陰熾盛
    - 諸行無常
- 壞苦
  - 愛別離
  - 怨憎會
  - 求不得

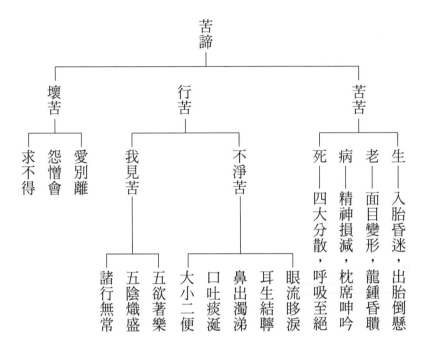

「集」：念念起妄想煩惱，則惡業積集，不出見、思二惑。列表如下：

- 集諦
  - 見惑　五利使
    - 身見
    - 邊見
    - 邪見
    - 見取
    - 戒取
  - 思惑　三界九品
    - 上上上　上中上　上上下
    - 上中中　中中中　中中下
    - 上下下　下中下　下下下
      - 五鈍使
        - 貪
        - 瞋
        - 癡
        - 慢
        - 疑

使謂結使，即煩惱聚集之義。須陀洹向斷癡，須陀洹果除貪。斯陀含向斷貪，斯陀含果除瞋。阿那含向斷瞋，阿那含果除慢。阿羅漢向斷慢，阿羅漢果除疑斷

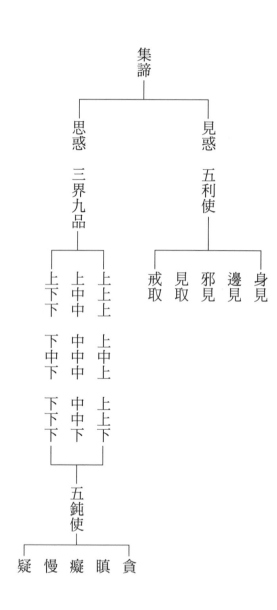

疑。若斷疑淨盡，則生死苦已盡，梵行已立，不受後有。僧問靈雲祖師：如何得出離生老病死？答：「青山元不動，浮雲飛去來。」動即是使。

「滅」：行滿道極成佛，則諸苦永滅。謂滅生死之有，證涅槃之性。在小乘即四向四果。向謂向於果位。初果預流破三界六十二種見惑，屬見道位。往來七種生死，方得涅槃。次果斯陀含已斷見惑，進斷思惑，往來一次生死方得涅槃。三果阿那含已斷見惑，漸斷思惑，不來受生死，而得涅槃。四果阿羅漢見、思俱斷，煩惱已除，所學已盡。列表如下：

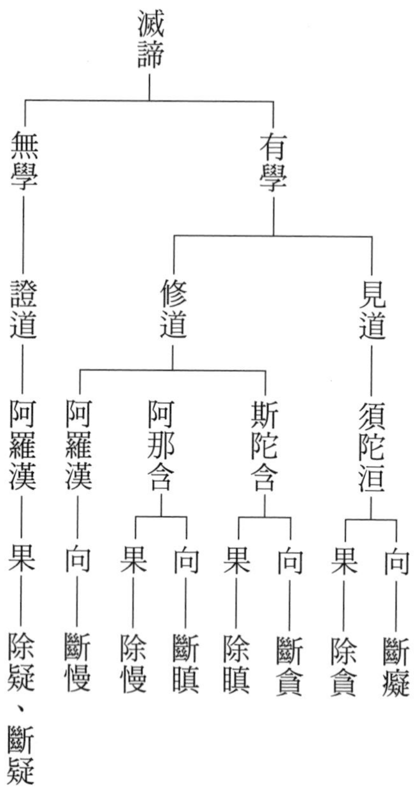

「道」：時時修戒、定、慧，則必增大道。略則三學，廣則三十七道品。所謂沙門者，勤修戒定慧，即指道品。息滅貪、瞋、癡，指斷見、思二惑。

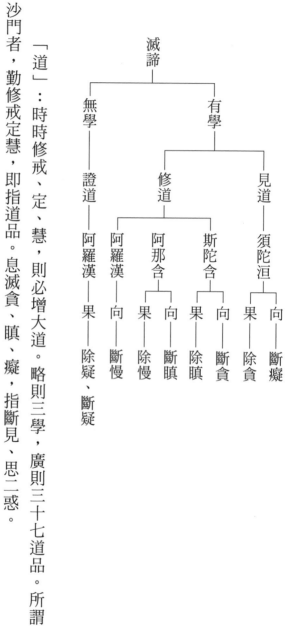

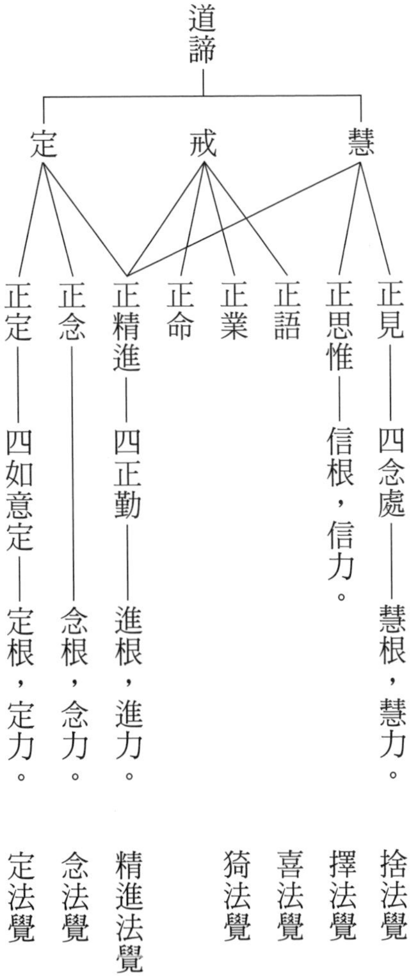

行者用正見四念處，破四顛倒斷見惑。此見惑不易斷，故修四正勤。或有懈怠，則修四如意定以策進之。此定既得則生五根，五根增長，能生五力。在定中如有昏沉，則用念法覺、擇法覺、精進法覺、喜法覺，令不昏沉。在定中如有散亂，則用念法覺以修擇法覺、捨法覺、定法覺，令不散亂。

世尊初轉法輪，開示四諦即是染淨因果。

有因緣世間集		有因緣世間滅	
苦——如病	苦集——如病因	苦集滅——如病癒	苦滅道——如藥
又			
逼迫名苦	增長名集	累盡名滅	出離名道

三轉法輪		
示相轉	勸修轉	作證轉
此是苦		
逼迫性	汝應知	我已知
此是集		
招感性	汝應斷	我已斷
此是滅		
可證性	汝應證	我已證
此是道		
可修性	汝應修	我已修

清涼國師言四聖諦者，聖即是正，無漏正法得在心故。諦有二義：一者諦實，此約境辨，謂如所說相，不捨離故，真實故，決定故。謂世出世間因果必無虛妄，不可差失。二者審諦，此就智明，聖智觀彼審實不虛故。凡夫有諦理而不審，二乘雖審但證偏真理性，菩薩審諦融通尚未圓極，佛則智無不審，理無不圓。今菩薩修

般若觀，見真空理無生滅修證之法，生滅修證自性空故，故曰無苦集滅道。

四諦名雖小，義通大小乘，事理具足。十二因緣但事而無理，今滅諦是理。十二支名廣事略，事亦不具，但有苦集而無道故。六波羅蜜，但願出世，無世間故。

《思益梵天所問經》〈解諸法品〉云：五陰名為世間苦，貪著五陰名為世間集，五陰盡名為世間滅，以無二法求五陰名為世間滅道。知苦無生是名苦聖諦，知集無和合是名集聖諦，於畢竟滅法中知無生無滅是名滅聖諦，於一切法平等以不二法得道，是名道聖諦。非離生死得涅槃名為聖諦，若人證如是四諦，是名世間實語者。

《中論》：因緣所生法，即是生滅。我說即是空，是無生滅。亦名為假名，是無量。亦名中道義，是無作。又解云：因緣即集。所生即苦。滅苦方便是道。苦集盡是滅。又對十二支，因緣即無明。所生法即行、名色、六入等。故《刪定止觀》云：為利根弟子說十二因緣不生不滅相。為鈍根弟子說十二因緣生滅相。當知論偈總說即四種四諦，別說即四種十二因緣。四諦豎對諸土，有增有減，同居有四，方便則三，實報則二，寂光但一。若橫敵對者，同居生滅，方便無生，實報無量，寂光無作。

又總說名四諦，別說名十二因緣。苦是識、名色、六入、觸、受、生、老死七支。集是無明、行、愛、取、有五支。道是對治因緣方便。滅是無明滅乃至老死滅。故大經開四四諦，亦開四十二因緣。下智觀故得聲聞菩提。中智觀故得緣覺菩提。此二皆不見佛性。上智觀故得菩薩菩提，見不了了，不了了故，住十住地。上上智觀故得佛菩提，見則了了，得阿耨菩提。以是義故，十二因緣名為佛性。佛性者第一義空。第一義空者為中道，中道名佛，佛名涅槃。因緣不殊，四觀平等。

三乘觀門
- 聲聞
- 緣覺
- 菩薩

觀
- 苦
- 集
- 道

諦是初門
- 觀三界如牢獄
- 十二支中無明即集
- 道即六度為利他故廣

初觀十二因緣生，次觀十二因緣滅，觀此生滅即悟非生非滅，破見思惑，證真空理，曰聲聞菩提。

破見思惑更能侵除習氣（見思餘習之見分），以能觀智比聲聞稍勝，所證之理亦深，曰緣覺菩提。

若能頓斷見思習氣，以見智復勝，證理更深，曰菩薩菩提。

（二）天台四教四種四諦

四諦即吾人平常所發之四弘誓願：願度度苦也、願斷斷集也、願學學道也、願成成寂滅也（以是大乘，故道在滅前）。滅無所滅，故無所不斷也。道無所道，故無所不度也。《大智度論》云：小乘三是有相，滅是無相，大乘四諦皆是無相。故天台生滅四諦屬於藏教。無生、無量、無作三種四諦，屬於通、別、圓三教。

四諦法門，橫該豎徹法無不備，教無不窮，今約台教一心具四諦法門者，一念中具十界苦名為苦諦，具十界惑名為集諦，苦即涅槃名為滅諦，惑即菩提名為道諦；此唯論一心四諦。

1.藏教生滅四諦：詮因緣所生法（六根為因，六塵為緣，根塵相對所起之心，名曰生法）有生有滅。謂聲聞用析空觀，諦審苦集滅道之法，一一不虛。

(1)苦諦：逼迫為義，有三苦八苦，不出三界生死。

(2)集諦：諦審煩惱惑業，實能招集生死之苦。

(3)滅諦：既厭生死之苦，諦審涅槃為寂滅之樂。

(4)道諦：道既能通之義，諦審戒定慧之道，實能通至涅槃故。

2.通教無生四諦：用體空觀，體達五蘊諸法當體即空，如幻如化，詮我說即是空。所以謂之無者，以生死涅槃，皆非實有。《思益梵天所問經》云：諸佛不令眾生出生死入涅槃，但為度妄想故。分別生死涅槃二相耳。

(1)苦諦：審實五蘊生死等苦，當體即空，而無逼迫相。

(2)集諦：審實惑業之因，當體即空，了無和合之相。

(3)道諦：即戒定慧，審實所破之集，能破之道，同一真空，無有二相。

(4)滅諦：審實五蘊生死等苦，昔本無生，今亦無滅。

3.別教無量四諦：詮亦為是假名句。純是菩薩所修之法，不同藏通三乘共修（別前）。所明法門行相隔歷次第不同，不同圓教一切圓融（別後）。此教菩薩所化眾生既無量，其所用法門亦無量，故云苦有無量相，十界果報不同故。集有無量相，五住煩惱不同故。道有無量相，恆沙法門不同故。滅有無量相，諸波羅蜜不同故。

(1)苦諦：諦審十界眾生，生死諸苦，一一不虛。

(2)集諦：諦審十界眾生，惑業，實能招集諸苦。

(3)道諦：諦審無量道法，實能自利利他。

(4)滅諦：諦審六度之行，實能證於涅槃之理。

4.圓教無作四諦：詮亦名中道義。事理無礙，法法圓融，圓觀諸法即事即理，無有造作。故云陰界入皆如，無苦可捨。塵勞本清淨，無集可除。邊邪皆中正，無道可修。生死即涅槃，無滅可證。《止觀》曰：「法性與一切法無二無別，凡法尚是，況二乘乎？離凡法更求實相，如避此空，彼處求空。即凡法是實法，不須捨凡向聖。經言：生死即涅槃，一色一香皆是中道。」即所謂無作四諦。《玄義》云：「以迷理故，菩提是煩惱，名集諦。涅槃是生死，名苦諦。以能解故，煩惱即菩提，名道諦。生死即涅槃，名滅諦。即事而中無思無念，無誰造作，故名無作。」亦名一實諦。無虛妄，無顛倒，常樂我淨等，是故名為無作四聖諦。

《法華經》云：「更以異方便，助顯第一義。」又云「唯此一事實」，即是無作一實諦也。以真如之性，是自心之實，名一實諦。念念圓成，更何所作，名無作四諦。所以八千聲聞於法華會上見如來性，如秋收冬藏更何所作，以達本法故爾。若未見本性，不可安然拱手傚無作無修。直須水到渠成，自然任運。又但了一心，自然無作，非是強為。

(1)苦諦：諦審五陰十二入皆即真如，實無苦可捨。
(2)集諦：諦審一切煩惱塵勞，性本清淨，實無招集生死之相。
(3)道諦：諦審一切諸法皆即中道，離邊邪見，實無煩惱之惑可斷，亦無菩提之道可修。
(4)滅諦：諦審生死涅槃體元不二，實無生死逼迫之苦可斷，亦無涅槃之滅可證。

今菩薩行深般若觀門，見真空理，實無生滅修證之法；生滅修證自性空故，故云無苦集滅道。則世出世間法皆成夢幻。趙州祖師云：「佛之一字吾不喜聞。」蓋有佛則有眾生，有對待在，尚可思議。故下文云「無智亦無得」，則不可思議也。

三、六度空觀「無智亦無得」

（一）境智能所門

無智亦無得，無菩薩法也，如病去藥除。

「智」即般若，修六度非智不能究竟，故說智字即包羅六度。以智修度故達彼岸。無智者，《金剛經》云：佛說般若波羅蜜，即非般若波羅蜜，是名般若波羅蜜。無得者，指上文所有世出世間、五蘊、六入、十二處、十八界、十二因緣、四諦、六度一切諸法，皆空無所得也。「智」因也。「得」果也。以修六度故，得菩提涅槃二種果。真空中不唯無六度，而菩提涅槃亦無也。以皆屬於對待故。今將《摩訶般若波羅蜜經》無六度義條列如下：

1. 無布施，經云：「佛告舍利弗，菩薩摩訶薩，以不住法，住般若波羅蜜中，以無所捨法，應具足檀那波羅蜜，施者受者及財物不可得故。」

2. 無持戒，經云：「罪不罪不可得故，應具足尸羅波羅蜜。」

3. 無忍辱，經云：「心不動故，應具足羼提波羅蜜。」

4. 無精進，經云：「身心精進不懈怠故，應具足毘梨耶波羅蜜。」

5. 無禪定，經云：「不亂不味故，應具足禪那波羅蜜。」修禪人若著亂相，能生瞋恚煩惱。若著禪味，能生貪愛煩惱。若無般若修禪，雖多聞持戒，亦不得無漏法。菩薩安住般若修禪，不取亂相，不取定相，亂定一如，行住坐臥皆在禪中，謂之禪波羅蜜。是菩薩觀諸法空相故，於五蓋無所捨，禪定無所取。若無定無亂，則無禪可得，於無禪中而修禪，故謂無禪定。

6.無智慧，經云：「於一切法不著故，應具足般若波羅蜜。」

《小品般若經》云：「般若波羅蜜，無所得故，無能染污。何以故？般若波羅蜜以無法故，名為無染污般若波羅蜜。般若波羅蜜無染污故，諸法亦無染污。若如是亦不分別，名為行般若波羅蜜。」

《勝天王般若經》云：夫求法者是無所求，若是可求則為非法。何耶？法無文字，亦離言語。文言性離，心行處滅，是名為法。一切諸法皆不可說，其不可說亦不可說。若有所說，即是虛妄，中無實法。

六度中獨以般若為摩訶者，乃是大乘能至佛地，能攝一切智慧，能盡諸法邊底，能知諸法實相，能具足圓滿諸度。其義甚深微妙，其理入不二法門，其相觀諸法空。雖度一切眾生，而實無眾生可度。雖修行諸度道品之法，而實無所行。一切無罣無礙，心得自在，慧得解脫。而能莊嚴淨土，成就眾生。於諸法中乃第一之法，於諸波羅蜜中乃第一波羅蜜，於諸義中乃第一義。所有十方三世一切諸佛、菩薩、緣覺、聲聞，皆從般若出生。能與眾生大福德、大智慧、大果報、大涅槃，故獨稱摩訶。

菩薩修般若，不墮有見，亦不墮空見。此二見乃邪見根本，菩薩雖修行般若波羅蜜而不住、不取、不著、如如不動，故謂之無智慧。以上六度皆不可得，故謂之無智亦無得。

蓋六度者，皆為度眾生之方便。《思益經》問：何謂方便？佛言：如來為眾生說布施得大富，持戒得生天，忍辱得端正，精進得具諸功德，禪定得法喜，智慧得捨諸煩惱。我方便為眾生讚如是法。如來實不得我人眾生壽者，亦不得施，亦不得慳，亦不得戒，亦不得毀戒，亦不得忍辱，亦不得瞋恚，亦不得精進，亦不得懈怠，亦不得禪定，亦不得亂心，亦不得智慧，亦不得智慧果，亦不得菩提，亦不得涅槃，亦不得苦，亦不得樂。梵天：若眾生聞是法勤行精進，若須陀洹果，斯陀含果，阿那含果，阿羅漢果，辟支佛道，阿耨多羅三藐三菩提，乃至無餘涅槃亦復不得。

《金剛經》云：「須菩提，於意云何？如來於燃燈佛所，有法得阿耨多羅三藐三菩提不？須菩提白佛言：不也！世尊！如我解佛所說義，佛於燃燈佛所，無有法得阿耨多羅三藐三菩提。佛言：如是如是。須菩提，實無有法如來於然燈佛所得阿耨多羅三藐三菩提。」云云。不唯佛果無法可得，須陀洹名為入流而無所入。斯陀含名一往來而實無往來。阿那含名為不來而實無不來。阿羅漢不作是念我得阿羅漢道，我是離欲阿羅漢。是故般若真空中無凡夫法，無緣覺法，無聲聞法，無菩薩法與佛法。

《大般若經》云：「設有一法過於涅槃，我亦說如夢幻。」（故云無得）此其所以為深般若也。又經中：「佛言：須菩提，依世諦說，菩薩摩訶薩得阿耨多羅三藐三菩提，非第一義也。何以故？第一義中無色乃至無阿耨多羅三藐三菩提，亦無得阿耨多羅三藐三菩提者。須菩提，當知一切法皆依世諦而說，非第一義也。」

《思益梵天所問經》云：「如一人求索虛空，東西馳走，言我欲得空，我欲得空。是人但說虛空名字，而不得空，於空中行而不見空。此諸比丘亦復如是，欲求涅槃，行涅槃中而不得涅槃。所以者何？涅槃者，但有名字，猶如虛空；但有名字，不可得取。涅槃亦復如是，但有名字而不可得。爾時五百比丘聞說是法，不受諸法，漏盡心得解脫，得阿羅漢道。作是言，世尊，若人於諸法畢竟寂滅相中，求涅槃者，則於其人佛不出世。世尊，我等今者非凡夫，非學，非無學，不在生死，不住涅槃。所以者何？佛出世故，名為遠離一切動念戲論。」

六祖大師云：「本來無一物，何處惹塵埃。」永嘉云：「了了見，無一物，亦無人，亦無佛，大千沙界海中漚，一切聖賢如電拂。」此離心意識境界，唯真智方能照見，非言說可了也。《華嚴》云：「有諍說生死，無諍說涅槃，生死及涅槃，二俱不可得。」又云：「佛法不可覺，了此名覺法，諸佛如是修，一法不可得。」

蓋般若如大火聚，無論淨穢，觸處皆燒。是故真空理顯，凡情蕩盡，圓滿菩提，歸無所得。《淨名經》天女云：若有得有證，是為增上慢等；無見無得，方能證得。俱絕名言。非離有得而證無得，方為真無得也。以無所得是般若故，羅漢得之實無有法名阿羅漢。緣覺得，不得緣相。菩薩得之，心無罣礙。以無所得能證菩提，故云三乘同宗般若。無所得即般若相，由得般若無得智慧故，方得也。經云：「若說有覺，猶未離幻，是故無智。」本無菩提及與涅槃，是故無得。有智則住菩提，有得則住涅槃。今以無住為本，故云無智亦無得。無得即無住，故菩薩雖生淨土，不住淨土，名無住處涅槃。故應無所住而生其心，名曰金剛般若。如日輪西墜不住於西。若住於西，無大悲心，非菩薩也。花開見佛悟無生，即無生處亦不住。

寶誌公作〈十二時頌〉云：「半夜子，心住無生即生死，生死何曾屬有無，用時便用勿文字。」古人云「起心作佛便成魔」，蓋起心作佛亦是妄想。亦是知識用事。此經本為上根人上乘者說。若初修之士，正靠此希聖希賢，起心作佛之妄想，苦志修持。或念佛，或持咒，或誦經禮拜，力敵愛欲深障以求智，求得，未可以為妄念而空之，一無依傍也。

《唯識論》引頌云：「菩薩於定位，觀影唯是心，義想既滅除，審觀唯自想。如是住內心，知所取非有，次能取亦無，後觸無所得。」一得無所得，乃非妄得，無得之得，乃為永得也。《文殊般若分》云：佛告文殊，汝於佛法豈不趣求耶？文殊言，世尊，我今不見有法非佛法者，何所趣求？（此明一性不分，故無能所）佛又問云：汝於佛法已成就耶？文殊言：我今都不見有法可名佛法，何所成就？（此即性空意）佛又問：汝豈不得無著性耶？文殊言：我今即無著性，豈無著性復得無著？（此即我即法更不證入，一唯一如，何有能所）

（二）問答

問：上云，色即是空，空即是色，可謂圓且妙也，乃又進舍利弗而告之以諸法空相，云無生滅垢淨，無蘊處界諦緣度等諸法，得毋似撥去諸緣而取色外之空，與上即色即空之旨相背戾乎？答：子不達真空也，何者？蓋蘊等乃一期幻緣，空乃究竟實際。蘊等生於空中，如片雲點太清裡，雖太清之體是雲，雲當體即是太清，而太清究竟清淨，豈受點染乎？

古德云：「有所得是野干鳴，無所得是師子吼。」佛是通變人，於四十九年中三百六十餘會說法，隨其根性而引導之，故於十法界內，一音演說，眾生隨類，各獲饒益。譬如東風一拂萬卉齊敷。佛所說法亦復如是。若有意於十法界內作饒益，則是以我說法欲使眾生隨類得度，不亦難乎。舍利弗於般若會上問文殊曰：「諸佛如來不覺法界耶？」文殊曰：「弗也，舍利弗，諸佛尚不可得，云何有佛而覺法界耶？法界尚不可得，云何法界為諸佛所覺？」

《止觀輔行傳弘決》云：無明體不可得，待諸佛智說為無明；佛智本無，無明叵得。所觀無明既不可得，能觀觀智亦復非有，故無智亦無。《摩訶止觀》云：無得之得，以是得無所得，入空意。無所得即是得，入假意。得、無所得皆不可得，雙照得與無得，即中意。

《止觀輔行傳弘決》又云：以成三觀，離性過故，名為無得。離過得智，故云之得。證無得故，名得無得。即此無得假名為得。得與無得，皆不可得，義兼雙遮，復能雙照得與無得。賢宗云：「從不生不滅，乃至無智亦無得，正當法界中第四泯絕無寄門。」清涼云：「今第四句拂四句相，現真空相，真空觀備矣。故知此一段經文，乃是真空觀門之頂也。」

雲居道膺禪師云：「如人頭頭上了，物物上通，祇喚作了事人，終不喚作尊貴，將知尊貴一路自別。」噫！可為智者道也。雖然，《淨名經》云：「若見無為入正位者，不能復發阿耨多羅三藐三菩提心。」所以大智之士，雖至此不作證。何者？此是學位，非證位也。《大般若經》云：於一切法勝義諦中，能證所證，證處證時，皆不可得，不可見故，菩薩於諸法空不應作證。謂觀法空時先作是念：我應觀法，諸相皆空，不應作證。我為學故，不為證故。無得乃為真得，得即無得，得其本有故。

《清涼山志》：令休禪師遊五臺，志求神悟，經行林間，值一異僧。師叩首曰：聖者，某嘗聞文殊大士住五臺，我既遍求了無所見。僧曰：汝安能無所見乎？汝蓄有見是以不見，汝之無見是亦見耳。若果無見，斯見文殊。且汝舉足時，蹋破文殊面門，擡手處捉著文殊鼻孔，有甚迴避處？休曰：然則山河草木是文殊耶？僧曰：若道山河是者，則二文殊。若云非者，則為妄語。於中實無是非二相。且汝無始至今，在文殊眼睛裏虛生浪死，玩水遊山，文殊祇在汝眉睫間轉大法輪，汝不曾委。休聞有省。

《楞嚴》云：「知見立知，即無明本。知見無見，斯即涅槃。」《華嚴論》

云：「見在即凡，情亡即佛。」三祖云：「不用求真，惟須息見。」上皆可為吾人作一大警策。

伍、修養法（因位菩薩道）

以無所得故，菩提薩埵，依般若波羅蜜多故，心無罣礙；無罣礙故，無有恐怖，遠離顛倒夢想，究竟涅槃。

一、行者人格「以無所得故，菩提薩埵」

以無所得故，以者由也，無所得者，即無智無得也，故者，啟後之辭。若未到此無所得地，祇是薄地凡夫。苟至此而便作證，則墮二乘窠臼。惟大心凡夫親至無所得地，而即於那邊轉身，用無所得而為方便，入世出世，即事即理，了無罣礙。無生處度生，而究竟無生可度。無佛處作佛，而究竟無佛可成。圓滿菩提，歸無所得。此所謂世出世間勝丈夫，即諸佛菩薩是也。

蓋有得即是煩惱所知，我法二執。除二障盡而真如實相之體圓現。亦如磨鏡，垢盡明現，不從他得。故無得則無所不得。老子云：「為學日益，為道日損，損之又損，以至於無為。」又云：「無為而無不為。」空有二種：1.但行空，墮二乘地。2.行不可得空，空亦不可得，則無處可墮。故菩薩以方便觀慧照諸法空而不住。人法俱空即是無生法忍。

《大寶積經》卷五十四，儒童迷伽以七莖殟鉢羅華散佛，放光如來授迷伽記，經阿僧企耶劫，當得作佛，號釋迦牟尼。授記已，使得無生法忍，所謂證得一切色法無所得、證得受想行識法無得忍、證得蘊界處法無所得忍。舍利子，言得忍者，是則名為忍受諸法都無所得。又云：非諸學法，非無學法，非獨覺法，非菩薩法，非諸佛法。所以者何？由一切法不現行故說名得忍。由一切法畢竟無得，亦無所得故名得忍，得是忍者即是菩提薩埵。

菩提薩埵，能依之人。明菩薩得涅槃斷果，先舉能依之人。

菩提云覺，薩埵云有情，謂諸有情，求菩提曰菩薩。以智上求菩提是自行，以悲下救眾生是化他。又薩埵是勇猛義，精進勇猛求大菩提，故曰菩提薩埵。《大智度論》云：問曰：齊何來名菩提薩埵？答曰：有大誓願，心不可動，精進不退，以是三事名為菩提薩埵。復次，有人言：初發心作願，我當作佛，度一切眾生，從是已來，名菩提薩埵。如偈說：若初發心時誓願當作佛，已過諸世間，應受世供養。

二、修行原因「依般若波羅蜜多故」

依般若波羅蜜多故，所依之行。依者遵也，即用此心離礙離倒，到究竟彼岸；般若波羅蜜多即無所得也。

《小品般若經》云：若善男子善女人欲學聲聞地，當聞是般若波羅蜜，受持讀誦，如說修行。欲學辟支佛地，當聞是般若波羅蜜，受持讀誦，如說修行。欲學菩薩地，亦當聞是般若波羅蜜，受持讀誦，如說修行。所以者何？般若波羅蜜中廣說菩薩所應學法。

三、證悟結果「心無罣礙；無罣礙故，無有恐怖，遠離顛倒夢想，究竟涅槃」

（一）斷障得果

第一「心無罣礙」，所執境空。

蓋心生則境生，是境還礙於心。今則世間境、出世間境，一切皆空，故無罣礙矣。回真入俗，權實雙流，事理並運。《大般若經》云：「如金翅鳥，飛騰虛空，自在翱翔，久不墮落。雖依於空戲，而不據空，亦不為空之所礙。」夫依空而不據空，則不盡有為，不住無為也。不為空所礙，則不為有礙可知。《華嚴》所謂甚深無礙智是也。若未得此智，居空空礙，涉有有礙；以有礙故，便生恐怖。

第二「無罣礙故，無有恐怖」，能執心空。罣如絲懸，礙如石阻。境生則心生，故心罣於境而生恐怖。順境怖失，逆境恐得，故一切眾生無時不生恐怖。今既知順逆境空，則恐怖之心無寄，故曰無有恐怖。經云：菩薩知一切法，因緣和合故生，諸緣離別故滅。無有起者，無有滅者。知一切法虛誑，無實無定，故不怖畏。如人夢中見怖畏事，覺已則無恐心，知夢法能誑心，無有實事。經中又云：諸善男子善女人，聞是般若波羅蜜，受持親近讀誦，正憶念，不離薩婆若心。是諸善男子善女人，若在空舍，若在曠野，若人住處，終不怖畏。何以故？是善男子善女人，明於內空，以無所得故。明於外空，乃至無法有法空，以無所得故。通則恐怖有五：1.不活怖（不盡外施）、2.惡名怖（不能同事攝）、3.死怖（不能內施）、4.墮惡道怖（不如提婆達多）、5.大眾威德怖（不如舍利弗八歲陞座），今菩薩無此等之怖。

第三「遠離顛倒夢想」，雙遣心境。

夢心為能知能見，夢境為所知所見。約處，一榻之境不限十方。約時，一夕之夢可通百年。夢人身心隨境亦遍一切時處，而知見之，經歷之。畢竟無中認為實有，非顛倒是何？然就喻易知，約法難明。苟非觀照般若之功，古往今來許多豪傑之士，而能遠離此等心境乎？大可悲歎！

又以有恐怖故，便起顛倒夢想，無中見有（凡夫四倒），有中見無，（二乘四倒），妄與苦樂生顛倒見。今以得此無所得般若故，則心無罣礙，無恐怖，離顛倒夢想，而證究竟涅槃。問：何故說四倒，不三不五耶？答：理本無名，強為立名，德不出四（常樂我淨）。外道竊佛常等四名以計神我，故佛初出說無常等以破。二乘不了計無常等以之為極，故佛復說常等四德破無常等。出假菩薩異二乘邊名為常等，但執教道，又說非常非無常等以破常等。此約漸教化儀以說；若頓教者，即於常等說無常等，而達無常即達中道。

（二）結上三句

罣礙者，結業也。恐怖者，生死也。顛倒夢想者，無明也。菩薩依般若故，達結業即解脫，故無罣礙。達生死即涅槃，故無恐怖。達無明即智慧，故無顛倒夢想。又無有恐怖者，外無魔冤之怖，則惡緣息。遠離顛倒夢想者，內無惑障之倒，則惡因盡。

又心無罣礙者，煩惱障心，心不解脫，故造業輪轉。所知障慧，慧不解脫，故不了自心。不達諸法性相，縱出三界亦滯下乘，不得成佛。今得般若深慧，二障種現俱亡，得二解脫。故惑不閡心，境不閡智。惑不閡心者，真智現前，照惑本無，不能閡心，心善解脫也。境不閡智者，謂真智無自，真諦無根，忘功合道，與道通同，慧善解脫也。

又此三句即轉三障三道成為三德，故下云究竟涅槃。三障即業障、報障、煩惱障。業能縛眾生在生死獄，不得解脫，故名罣礙。三界果報，猶如火宅，是可畏相，故名恐怖。煩惱即無明，體性是顛倒諸法，猶如夢想。由離煩惱，則不起惑結業，由離結業，則無果報矣。又真空性中，無業可縛，當體解脫，故無罣礙。真空性中，無苦可受，是大安樂，當體法身，故無恐怖。真空性中，無惑可迷，遠離八倒，當體般若，故無顛倒夢想。既無惑業苦三，當體究竟寂滅，即名三德涅槃。法身、般若、解脫，各具常樂我淨，是謂三德。生死幻身即本法身，煩惱即般若，結業即解脫，此則三障頓空，三德頓圓，是之謂究竟涅槃。列表如下：

心無罣礙		業		業			解脫	
無有恐怖	轉	報	障	苦	道	成	法身	德
遠離顛倒		煩惱		惑			般若	

三德者，永離生死常住不滅為法性之妙身，曰法身德。出迷開悟為佛之妙智，曰般若德。離身口意三業之縛，自在無礙為佛之妙德，曰解脫德。此三德圓融為一，本人人性中所固有，不過為三惑所障，如月之隱於層雲，其光不現耳。今斷惑證真，生死煩惱於自性何損哉。

四德者，窮三際而無改曰常。在眾苦而不干曰樂。處生死而莫拘曰我。歷九相而不染曰淨。佛教人以涅槃，不過證得法性常住，便知法相如幻。而後有事可做才能做事、不做冤枉事。所以佛之無盡功德，就是從涅槃而來。

（三）總歸涅槃

第四「究竟涅槃」，結證本有，揀異化城權立。

又梵語涅槃，此云圓寂，謂德無不備曰圓，障無不盡曰寂，乃諸佛之斷果也。又云不生不滅，本不生滅，非生滅滅已，方不生滅。如眾生正在起惑造業受苦之時，此涅槃亦在其中。諸佛知之，不以知故有生；眾生不知，不以不知故有滅。滅惑業苦時，此涅槃亦在其中，而不隨彼等生滅，故曰究竟涅槃。眾生雖云本有，不礙修生；諸佛雖云修生，不礙本有。

又涅槃者，息妄歸真，緝化還本，捨有為過，趣入無為。又譯為滅度，滅生死因果，度生死瀑流。曰不生，生死苦果不再生也。曰圓寂，義充法界，德備塵沙曰圓。體窮真性，妙絕相累為寂。

文喜禪師云：「三界心盡，即是涅槃。」《大智度論》云：有人入佛法，不求涅槃樂，反求利供養，是輩為自欺。若著利供養，破慚愧頭陀，今世燒善根，後世墮地獄。

涅槃有二種及四種之不同。

二種涅槃者

1.有餘依涅槃。謂有漏之之依身，對於惑業曰餘。有餘者，生死惑業之因已盡，猶餘有漏依身之末。

2.無餘依涅槃。無餘者，更滅依身之苦果，無所餘也。

此二種同為一體，三乘行人於初成道時雖證得之，而無餘涅槃之現，則在於命終之時。就大小乘分別之有三門。

1.小乘。斷生死之苦因，猶餘生死之苦果，謂之有餘涅槃。斷生死之因，同時使其當果畢竟不生，謂之無餘涅槃。在命終時，灰身泯智。

2.大乘。變易生死之因盡，為有餘。變易生死之果盡，為無餘。

3.大小相對。小乘之涅槃為有餘，以尚餘變易生死故。大乘之涅槃為無餘，以更無餘之生死故。大乘得成法身、般若、解脫三德，小乘不成。大乘具常樂我淨四德，小乘則否。

又《法華玄論》，大小乘涅槃有三異義。

1.本性寂滅非本性寂滅異。小乘滅生死而涅槃，大乘生死本來涅槃。諸佛從本來，常自寂滅相。

2.界內界外斷惑異。小乘唯斷界內分段，大乘斷界外變易。
3.眾德具不具異。小乘無身無智，故不具眾德。大乘具身智，故具三德。
真如具三德，以成涅槃。
1.真如生圓覺名般若德。
2.真如之體以出所知障，名為法身德。
3.真如之體眾苦都盡，離分段、變易，名為解脫德。然就離分段生死，謂之三乘同坐解脫床。由此小乘亦得名為涅槃，而非大涅槃，以不具是故。

四種涅槃者

1.本來自性清淨涅槃。真如隨緣，雖有客塵煩惱，而自性清淨，具足無量功德，自內所證，其性原為寂靜。
2.有餘依涅槃。煩惱之障雖滅，尚餘欲界五陰之身而為所依。
3.無餘依涅槃。煩惱既盡，所餘五蘊之身亦滅。
4.無住處涅槃。不住生死，不住涅槃，窮未來際，利樂有情。

《文殊般若經》云：修般若波羅蜜，則不捨凡夫法，亦不取賢聖法。何以故？般若波羅蜜不見有法可取可捨，亦不見涅槃可樂、生死可厭。何以故？不見生死，不見功德可取，於一切法心不增減。何以故？不見法界有增減故，不見諸法有生有滅，如是即是無住處涅槃。

《金師子章》云：「妄想都盡（無集諦之惑）。無諸逼迫（三苦皆亡）。出纏離障（無漏智發道諦已修）。永捨苦源（解脫自在滅諦已證）。名入涅槃。」

陸、理想境（果位佛道）

三世諸佛，依般若波羅蜜多故，得阿耨多羅三藐三菩提。

因發菩提心得菩提果，具云發阿耨多羅三藐三菩提心，簡稱發菩提心。

一、佛陀，首句「三世諸佛」舉能得之人

三世諸佛者，每一大劫之住劫中皆有千佛出世。過去莊嚴劫如華光佛人中尊佛，乃至毘婆尸佛、毘舍浮佛，共一千佛出世。現在名賢劫，如拘留孫佛、拘那含牟尼佛、迦葉佛、釋迦牟尼佛，乃至樓至佛，共一千佛出現於世。未來星宿劫，如日光佛、龍威佛，乃至須彌相佛，共一千佛出現於世。就現在之賢劫更分三世，則拘留孫佛、拘那含牟尼佛、迦葉佛，為過去佛；釋迦牟尼佛為現在佛。自此至第十增減劫之減劫，有彌勒佛出世，次有師子佛乃至樓至佛，九百九十四佛出世，為未

來佛。依此而推，三世各分三世，則有九世，九世不出一念，故《華嚴疏》義云：十世古今不離於當念，真如佛性本無今古，為對眾生說有三世耳。

首舉能得之人者，謂不唯菩薩依之而究竟涅槃，諸佛亦依之而得菩提也。過去者已得，現在者今得，未來者當得，即三乘六凡，人人有分。其所修之法，皆依般若波羅蜜多為因，得阿耨多羅三藐三菩提之果。

《長阿含經》云：毘婆尸佛時，人壽八萬歲。尸棄佛時，人壽七萬歲。毘舍婆佛時，人壽六萬歲。拘留孫佛時，人壽四萬歲。拘那含佛時，人壽三萬歲。迦葉佛時，人壽二萬歲。我今出世人壽百歲。毘婆尸佛三會說法，初會弟子有十六萬八千人，二會弟子有十萬人，三會弟子有八萬人。尸棄佛亦三會說法，初會弟子有十萬人，二會弟子有八萬人，三會弟子有七萬人。毘舍婆佛二會說法，初會弟子有七萬人，次會弟子有六萬人。拘留孫佛一會說法弟子四萬人。拘那含佛一會說法弟子三萬人。迦葉佛一會說法，弟子二萬人。我今一會說法弟子千二百五十人。

二、佛行，次句「依般若波羅蜜多故」舉所修之法

佛者覺也。自覺，知真本有，達妄本空。覺他，以己所覺令他人覺。覺滿，知真本有，知至究竟；達妄本空，達到究竟。自利利他皆到究竟，故曰，一究竟一切究竟。佛有三身，曰法、報、化。別說各自不同，圓融說則三皆是法身。化身為應化法身、報身為功德法身、法身為離垢妙極法身，故三身一際。報身，色即是空；法身，空即是色；應化身，應凡小故。報身修行功德圓滿，至究竟覺故；行彌法界即普賢大行，智彌法界即文殊大智。大智無法不知，大行無生不度，智行一圓滿一切圓滿，故曰功德法身。

離垢妙極法身，此與清淨法身有異；清淨法身十法界眾生無二無別，本自清淨，無垢無染。離垢妙極法身為修德圓滿，顯出本來清淨。在眾生分上無染而染，已被染汙，故必依法修行。三障淨盡，五住究竟，二死永亡，方曰離垢妙極法身。經中之佛，舉一即三，全三是一。凡小既以釋迦為報身，則法化二身不明可知。菩薩知釋迦為化身，亦知三身一際。華嚴會上就釋迦顯出如來果德，正是三身圓融義。

又號如來者，寂照不二名「如」。悲願不捨名「來」。凡夫來而不如，二乘如而不來，唯佛如而能來。又如者本覺，來者始覺，始本不二，體用一如，故曰如來。又乘如實道，來成正覺。又今佛之來，亦如先佛之來。種種解釋，皆為應機而言，總不離一個「覺」字，覺至究竟，即是諸佛如來。

三道
- 惑
- 業
- 苦
- （惑、業、苦）道

三障
- 業
- 煩惱
- 報
- （業、煩惱、報）障

三識
- 分別
- 末那
- 賴耶
- （分別、末那、賴耶）識

三佛性
- 緣因
- 了因
- 正因

三智
- 道種智
- 一切智
- 一切種智

三般若
- 文字
- 觀照
- 實相

三菩提
- 方便
- 實智
- 性淨

三大乘
- 得乘
- 隨乘
- 理乘

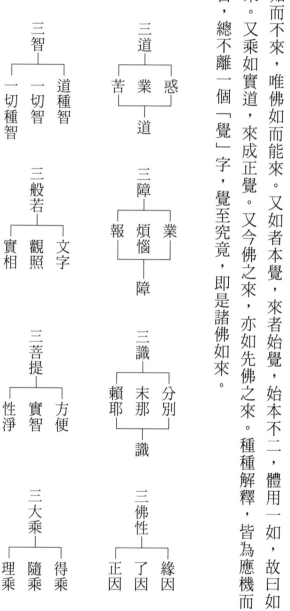

三身
- 化身
- 報身
- 法身

三涅槃
- 方便淨
- 圓淨
- 性淨

三寶
- 僧寶
- 佛寶
- 法寶

三德
- 解脫
- 般若
- 法身

前諸法通諸三名，展轉相對，其義不殊，生起次第不無先後。無始流轉不出三道三障，流轉由識，識內具性，照性由智，智起般若，得菩提智果，果由乘至，至故身顯，顯必涅槃，具涅槃故，稱為三寶，寶必具德，是故始終且列十二種。

三、佛果，後句「得阿耨多羅三藐三菩提」舉所得之果

阿耨多羅三藐三菩提，華云「無上正等正覺」，今分而詳釋之。「阿」，無也。「耨多羅」，上也，為無上心。「三」，正也。「藐」，等也，為正等心。「三」，正也。「菩提」，覺也，為正覺心。心字該通三項，各有所揀。

初揀凡夫外道，凡夫不覺，外道邪覺故。次揀二乘，但了生空，偏覺故。三揀菩薩，未滿果位，非正覺故。無上正等正覺者，無上覺，異菩薩有上之覺。等覺，

異二乘偏空之覺。正覺，異外道邪見之覺。凡夫不覺，外道邪覺，二乘偏覺，菩薩隨分覺，為有上之覺，皆非究竟菩提；此阿耨多羅三藐三菩提即究竟之大覺也。

覺有二種：1.正覺，即如理智，正觀真諦。2.等覺，即如量智，遍觀俗諦。又覺察，如量智鑒俗故，覺察煩惱賊。覺悟，如理智照真故，從無明睡覺。

又覺字從因至果有三義：1.覺察，如睡夢覺，亦如人覺賊，賊無能為。妄即賊也。2.覺照，即照理事也。亦如蓮花開，照見自心。一真法界，恆沙性德，如其勝義，覺諸法故。3.妙覺，即上二覺，離覺所覺，故為妙耳，非更有別覺故。經云：「無有佛涅槃，遠離覺所覺。」又覺性無覺，即根本智。覺性歷然，即後得智。

三菩提者：1.真性菩提，真名不偽，性名不改，不改不偽，名為真性。以此真性為道，故名真性菩提。2.實智菩提，謂能照真性之智，稱性不虛，名為實智。以此實智為道，故名實智菩提。3.方便菩提，謂善巧隨機，化用自在，名為方便。以此方便為道，故名方便菩提。

又云：聲聞菩提、緣覺菩提、諸佛菩提，為三菩提。

菩提薩埵乃三世諸佛之因，舉因以驗果也。三世諸佛乃菩提薩埵之果，舉果以驗因也。菩提乃諸佛之「智果」，涅槃乃諸佛之「斷果」；一屬體，一屬用，各舉一種互相該攝，至此果圓因滿，究竟窮極，方始克證。何者？此是證位，非學位也。二者皆依般若無得之功而證。即此覺體，眾生本有，不礙修生。諸佛修生，不礙本有。

因發菩提心，得菩提果，菩提心為萬行之本，無論禪、教、律、密、淨，皆不離此正因。經有譬云：譬如服藥，藥不對症，可數數換，唯水一味，則不可換。水，譬菩提心也。

菩提涅槃，其名雖二，而皆極聖所證二轉依果。以惑非智而不斷，智非斷而不圓。三世諸佛依般若波羅蜜多，如實覺一切法真如，不虛妄，不變易，由此覺真如相故，說名如來應正等覺，得阿耨多羅三藐三菩提。

柒、流通分

一、禮讚般若（總歸持明分）

故知般若波羅蜜多，是大神咒，是大明咒，是無上咒，是無等等咒；能除一切苦，真實不虛。

結歎勝能，分二。

（一）別歎「故知般若波羅蜜多，是大神咒，是大明咒，是無上咒，是無等等咒」

「故知」二字，承接上文，諸佛菩薩皆依般若波羅蜜，得智果斷果，以此之故，知般若行勝，乃以大神、大明、無上、無等而讚之。神者，般若靈明莫測，能轉煩惱為菩提，轉生死為涅槃。明者，般若能照見五蘊皆空，大智慧光明，能破無明黑暗。無上者，般若為諸佛菩薩之所師。無等等者，般若能與無等為等。五乘因果，雖無與等，而能等為五乘之所依止。《宗鏡錄》云：「豎無高蓋故言無上。橫無儔例故言無等。等於十方三世諸佛，故言無等等。」「咒」乃真言實語，或名「陀羅尼」，乃是一種有力量之言語，能使吾人心中所想念的成為事實。又能持善使不失，持惡使不生，所以曰咒。此間所說的咒字，其實就是指「般若」二字，不必專指後面揭諦等四句，又名密說般若。密即是顯，顯即是密，顯密圓通，不可思議，故極其功力而申讚之。此咒之力，能生一切善，滅一切惡，故下文云能除一切苦。

「是大神咒」者，《大智度論》云：「供養受學般若波羅蜜，是人，魔若魔天不能得便。問曰：何者是魔？何故惱菩薩？云何得便？答曰：魔名自在天主，雖以福德因緣生彼，而懷諸邪見：以欲界眾生是己人民，雖復死生，展轉不離我界；若復上生色界、無色界，還來屬我；若有得外道五通，亦未出我界，皆不以為憂。若佛及菩薩出世者，化度我民，拔生死根，入無餘涅槃，永不復還，空我境界，是故起恨讎嫉。又見欲界人，皆往趣佛，不來歸己，失供養故，心生嫉妒，是以，以佛菩薩名為怨家。是菩薩入法位，得法性生身，魔雖起惡不能壞敗；若未得阿鞞跋致者，魔則種種破壞。若菩薩一心不惜身命，有方便求佛道者，十方諸佛及大菩薩皆共護持；以是因緣故，能成佛道。若為菩薩而有懈怠，貪著世樂，不能專心勤求佛道，是則自欺，亦欺十方諸佛及諸菩薩。所以者何？自言：我為一切眾生故求佛道，而行雜行，壞菩薩法，以是罪故，諸佛菩薩所不守護，魔得其便。所以者何？一切聖人，已入正位，一心行道，深樂涅槃。魔入邪位，愛著邪道。邪正相違，是故憎嫉正行，狂愚自高，喚佛沙門瞿曇。佛稱其實，名為弊魔。以相違故，名為怨家。」

如經說，魔有四種：一者煩惱魔、二者五眾魔、三者死魔、四者自在天子魔。以般若威神力故，四魔不能得便。得諸法實相，煩惱斷，則壞煩惱魔，天魔亦不能得其便。入無餘涅槃故，則壞五眾魔及死魔。云何為得便？魔及魔人來恐怖菩薩，如經中說，魔作龍身，種種異形，可畏之像，夜來恐怖行者，或現上妙五欲壞亂菩薩。或轉世間人心令作大供養，行者貪著供養故，則失道德。或轉人心，令輕惱菩薩，或罵或打，或傷或害。行者遭苦，或生瞋恚憂愁。如是等魔，隨前人意所趣向，因而壞之，是名得便。

問：魔力甚大，行人道力尚少，云何不得便？答：如上說為諸佛菩薩所護故。

又是行人善修諸法空，亦不著空。不著空者，云何當得便？譬如無瘡則不受毒，無相無作亦如是。

《大智度論》云：佛告釋提桓因，若有善男子善女人，聞是深般若波羅蜜，受持、親近、讀誦、正憶念，不離薩婆若心。兩陣戰時，是善男子善女人，誦般若波羅蜜故，入軍陣中終不失命（須揀定業），刀箭不傷。何以故？是善男子善女人長夜行六波羅蜜，自除婬欲刀箭，亦除他人婬欲刀箭。自除瞋恚刀劍，亦除他人瞋恚愚癡等刀箭。以是因緣，是善男子善女人不為刀箭所傷。復次憍尸迦，是善男子善女人，聞是深般若波羅蜜，受持親近讀誦，正憶念，不離薩婆若心，若以毒藥薰，若以蠱道，若以火坑、若欲深水、若欲刀殺、若與毒，如是眾惡皆不能傷。何以故？是般若波羅蜜是大明咒，是無上咒。若善男子善女人，於明咒中學，自不惱身，亦不惱他，亦不兩惱。何以故？是善男子善女人不得我，不得眾生，不得壽者，乃至知者見者皆不可得。不得色受想行識，乃至一切種智亦不可得。以不可得故，不自惱身，亦不惱他。亦不兩惱。學是大明咒故，得阿耨多羅三藐三菩提，觀一切眾生心，隨意說法。何以故？過去諸佛，學是大明咒，得阿耨多羅三藐三菩提。當來諸佛學是大明咒，當得阿耨多羅三藐三菩提。今現在諸佛，學是大明咒，得阿耨多羅三藐三菩提。

又云：復次，般若波羅蜜能令人離老病死，能立眾生於大乘，能令行者於一切眾生中最大，是故言大咒。能如是利益故名為無上。先有仙人所作咒術，所謂知他人心，咒名抑叉尼（義為見）。能飛行變化，咒名揵陀梨（義為地持）。能住壽過千歲萬歲。咒與諸咒中無與等。於此無等咒術中，般若波羅蜜過出無量，故名無等等。復次，諸佛法名無等，般若波羅蜜得佛因緣，故言無等等。復次，諸佛於一切眾生中名無等，是般若咒術佛所作故，名無等等咒。

1. 因為般若能驅除生死煩惱之魔，具大神力，所以叫作「大神咒」。

2. 因為般若的光明，能照破生死長夜的黑暗，所以叫作「大明咒」。

3. 因為世出世間所有諸法，無一能夠超過般若者，所以叫作「無上咒」。

4. 因為般若為諸佛之母，能出生無量無邊功德，世出世間一切法無可與般若相比者，所以叫作「無等等咒」。

略敘勝能。「大神」、「大明」、「無上」、「無等」四德，有三種釋：

1. 就法釋

(1)是大神咒，讚文字般若除障不虛故。《大智度論》云：「復次憍尸迦般若波羅蜜，若有但書寫經卷，於舍供養，不受不讀，不誦不說，不正憶念，是處若人若非人，不能得其便。何以故？是般若波羅蜜為三千大千世界中四天王諸天，乃至阿迦尼吒天諸天子，及十方無量阿僧祇世界中諸四天王天，乃至阿迦尼吒諸天等所守護故。是般若波羅蜜所止處，諸天皆來供養恭敬，尊重讚歎禮拜已去。是善男子善女人，但書寫般若波羅蜜於舍供養，不受不讀，不誦不說，不正憶念，今世得如是功德。譬如若人若畜生來入菩提樹下諸邊內外，設有人非人持惡意來，不能得其便。何以故？是處過去諸佛於中得阿耨多羅三藐三菩提，未來諸佛、現在諸佛亦於中得阿耨多羅三藐三菩提，得佛已，施一切眾生無恐無畏。令無量阿僧祇眾生受天上人中福樂。亦令無量阿僧祇眾生得須陀洹果，乃至得阿耨多羅三藐三菩提。以般若波羅蜜力故，是處得恭敬禮拜，花香瓔珞，擣香澤香，幢蓋伎樂供養。」

(2)是大明咒，讚觀照般若，智鑒不昧故。《大智度論》云：「般若波羅蜜，除諸闇瞑，一切煩惱諸見除故。」

(3)是無上咒，讚實相般若更無迦過故。《大智度論》云：「般若波羅蜜，一切助道法中最上。」

(4)是無等等咒，總讚三般若最尊最貴，獨絕無倫故。《增一阿含經》：「佛言，戒律成就，是世俗常數。三昧成就亦世俗常數。神足飛行成就，亦世俗常數。唯智慧成就，為第一義。」則知戒、定等三學，布施等六波羅蜜，唯智慧最重，不可輕也。唯智慧最先，不可後也。唯智慧貫徹一切法門，不可等也。故名無等等。

2.約功能釋

能破煩惱惑障曰神咒。能破無明智障曰明咒。令因行滿故，曰無上咒（由般若力，歷進諸位，成就萬行至等覺無間道中，即因位滿也。此位滿時更無極上之因）。令果德圓故，曰無等等咒（對上因行即解脫道中，萬德皆圓也。此果圓後，更無能等之德與此相等也）。

3.就位釋

過凡故名為神咒。越小故曰明咒（以羊鹿車人，雖有盡智，斷煩惱障出於界繫，不除無明故。今甚深般若已及無明），超因故曰無上咒（牛車之人雖二障俱離，因行未滿，猶有加故，今般若究竟，更無加上故），齊果故曰無等等咒（果位至極名無等位，今與無等之位相等故），即一佛與多佛道齊，新佛與舊佛平等。

以上讚般若四德，大神、大明則已極矣，又重言無上、無等者，所以深著般若溥博無際也。唯真空佛性足以當之。

（二）總結「能除一切苦，真實不虛」

後總結勝能，三受能生三苦，苦體即三界色心。

1. 苦受能生苦苦，此唯欲界。
2. 樂受能生壞苦，此通欲、色二界。
3. 捨受能生行苦，此通無色界。欲界具足三苦。色界具二苦。無色界唯一苦。

今以般若功力不唯除界內分段之苦，且除界外變易之苦。

真實不虛有二義。

1. 約法：即般若能照見蘊空，度一切苦厄，真實不虛。
2. 約人：即世尊說法言無虛妄，故叮嚀告誡，令人諦信勿疑，依之修行，決不相賺也。

二、護持般若（密藏真言分）

故說般若波羅蜜多咒，即說咒曰：揭諦！揭諦！波羅揭諦！波羅僧揭諦！菩提薩婆訶。

（一）密說般若「故說般若波羅蜜多咒，即說咒曰：揭諦！揭諦！波羅揭諦！波羅僧揭諦！菩提薩婆訶」

前顯說般若，此密說般若。

顯以慧通，密以定入。定慧圓明，立臻彼岸矣。顯說增慧，密說增福，福慧二嚴決定作佛，號兩足尊。又此咒能消除惑業，開發智慧，持之功深，自然可以度生死流，到涅槃岸，得阿耨多羅三藐三菩提。《小品般若經》云：「若有善男子，善女人，能受持讀誦般若波羅蜜者，終不橫死。若干百千諸天，皆共隨從。若月八日，十四日，十五日，二十三日，二十九日，三十日，在在處處，說般若波羅蜜，其福甚多。」

咒者，諸佛心法不可思議，諸天鬼神悉皆敬奉，若善持之，則觀智益明，功力益驗。《法華疏》云：「咒是鬼神王之名號，稱其王名故能降伏鬼魅。」或云，咒如軍中密號，唱號相應，無所訶問。又咒者，願也，如佛菩薩說咒，願眾生皆如我之得正覺。能誦此咒，則所願無不成就。又咒是即顯之密，嚴守祕密，則不須翻譯。然亦有翻者略述之以供去取。揭諦者，此云去也度也，即深慧功能；重言揭諦者，自度度他也。波羅揭諦者，波羅此云彼岸，即度所到處也。波羅僧揭諦者，僧，總也、眾也、溥也，即自度度他，總到彼岸也。言菩提者，到何等彼岸？謂大菩提處也。薩婆訶，此云速疾，令前所作，速疾成就故也，普去彼岸！速去彼岸！

（二）流通奉行（別譯流通分）

據般若利言法師所譯的版本，尚有流通分，今錄於下，分三：

1. 觀音勸修流通（有修有證則相續不斷）：「如是舍利弗，諸菩薩摩訶薩，於甚深般若波羅蜜多行，應如是行。」（諸佛菩薩由此成道故）

2. 如來作證流通：「如是說已，即時世尊從廣大甚深三摩地起，讚觀自在菩薩摩訶薩言：善哉善哉！善男子，如是如是，如汝所說甚深般若波羅蜜多行，應如是行。如是行時，一切如來皆悉隨喜。」（一切助道法中最上，能具足一切波羅蜜故）

3. 會眾遵行流通：「爾時世尊說是語已，具壽舍利弗，大喜充遍。」（當機獲益故喜）「觀自在菩薩摩訶薩亦大歡喜。」（喜得佛心）「時彼眾會天人阿修羅乾闥婆等，聞佛所說，皆大歡喜，信受奉行。」

〈迴向偈〉

慈舟老法師作

願見聞者如是觀　五蘊總別皆如幻
幻有非有即真空　十方諸佛無不讚

【附錄】〈賢首略疏〉

此經文略義廣，非解莫明，由解生信，由信立願，由願成行。故解釋經文，必期明瞭，今解以唐賢首法藏大師之《心經略疏》為主，釋經文如下圖。

一、顯說般若	初、略標綱要	一、能觀人	觀自在菩薩，
		二、所行行	行深波若波羅蜜多時，
		三、觀行境	照見五蘊皆空，
		四、觀行利益	度一切苦厄。

- 一、顯說般若
- 二、廣陳實義
  - 初、拂外疑：舍利子！色不異空，空不異色；色即是空，空即是色；受、想、行、識，亦復如是。
  - 二、顯法體
    - 先總：舍利子！是諸法空相，
    - 後別：不生不滅，不垢不淨，不增不減。
  - 三、明所離
    - 初、法相開合門：是故空中無色，無受、想、行、識。無眼、耳、鼻、舌、身、意；無色、聲、香、味、觸、法；無眼界，乃至無意識界。
    - 二、緣起逆順門：無無明，亦無無明盡；乃至無老死，亦無老死盡。
    - 三、染淨因果門：無苦、集、滅、道。
    - 四、境智能所門：無智亦無得。

- 一、顯說般若
  - 二、廣陳實義
    - 四、辨所得
      - 初、牒前起後
        - 以無所得得故。
      - 後、證明所得
        - 初、明菩薩得涅槃斷果
          - 菩提薩埵，依般若波羅蜜多故，心無罣礙；無罣礙故，無有恐怖，遠離顛倒夢想，究竟涅槃。
        - 後、明諸佛得菩提智果
          - 三世諸佛，依般若波羅蜜多故，得阿耨多羅三藐三菩提。
    - 五、結歎勝能
      - 先別歎
        - 故知般若波羅蜜多，是大神咒，是大明咒，是無上咒，是無等等咒；
      - 後總結
        - 能除一切苦，真實不虛。
- 二、密說般若
  - 初、牒前起後
    - 故說般若波羅蜜多咒，
  - 後、正說咒詞
    - 即說咒曰：揭諦！揭諦！波羅揭諦！波羅僧揭諦！菩提薩婆訶。

智慧海 69

心經集註

A Collection of Commentaries on the Heart Sutra

著者	靈源老和尚
出版	法鼓文化
總監	釋果賢
總編輯	陳重光
編輯	釋果興、李金瑛
封面設計	小山絵
內頁美編	小工
地址	臺北市北投區公館路186號5樓
電話	(02)2893-4646
傳真	(02)2896-0731
網址	http://www.ddc.com.tw
E-mail	market@ddc.com.tw
讀者服務專線	(02)2896-1600
初版一刷	2021年1月
建議售價	新臺幣250元
郵撥帳號	50013371
戶名	財團法人法鼓山文教基金會—法鼓文化
北美經銷處	紐約東初禪寺 Chan Meditation Center (New York, USA) Tel: (718)592-6593 Fax: (718)592-0717

法鼓文化

國家圖書館出版品預行編目資料

心經集註 / 靈源老和尚著. -- 初版. -- 臺北市：
法鼓文化, 2021. 01
面 ； 公分
ISBN 978-957-598-877-7（平裝）

1.般若部

221.45　　109017912